JN069474

時代を拓いた教師たちⅢ

実践記録で紡ぐ
戦前教育実践への扉

川地亜弥子・田中耕治 編著

日本標準

はじめに

二〇二二（令和四）年九月、日本は近代教育制度が始まって一五〇年という節目を迎えた。世界的な感染症拡大の影響もあり、義務教育段階における情報機器端末の一人一台配付、四〇年ぶりの小学校における学級編成標準の引き下げ（二〇二一年度から計画的に進め、二〇二五年に全学年で三五人学級を実施）などが進んだ。激動の時代の中で学校教育は新たな局面を迎え、すべての人のための学びの場として、果たすべき役割とは何かを改めて問われている。

本書は、『時代を拓いた教師たち――戦後教育実践からのメッセージ』（二〇〇五年）、『同Ⅱ――実践から教育を問い直す』（二〇〇九年）の続巻である。Ⅰ・Ⅱ巻同様に、その時代の状況や課題の中で、教育者たちが、今を生き明日の社会を生きる子どもたちと共に、いかに学校や教育を問い、実践してきたのかについて、実践場面や教材などに触れながら考察できるように構成している。

一方、Ⅰ・Ⅱ巻との大きな違いは、対象とした時代である。一九二〇年代頃にまで遡り、当時の学校や教育の諸課題と向き合った教育者を取り上げた。初学者の理解の助けとなるよう、年表や学校系統図などを巻末に入れると同時に、各節の参考文献では重要な先行研究を挙げ、読者が関心を深めるための手がかりを示した。

本書の執筆者たちは、京都大学大学院教育学研究科の教育方法学研究室（現教育学環専攻教育方法学・発達科学コース教育方法学分野）で学んだ者たちである。第Ⅰ巻の刊行から一八年の月日が経過したが、継続して毎年複数回の研究会を持ち、教育方法、教育実践とは何かを探究し続けてきた。本書の企画が立ち上がった二〇一八（平成三〇）年二月には、今日の状況をまったく予想していなかったが、結果として、学校とは、教育とは何かについての関心が高まる中での刊行となった。大変な状況の中で、先人たちの史資料を読みとき議論することは、自らが研究者・教育者として格闘していることの意義や課題を改めて考える機会となった。一方、当時の教育者たちが取り組んだ課題の大きさに比して、紙幅や私たちの力不足で描ききれていない点も実感した。読者のご批正をお願いしたい。

最後に、本書の刊行にあたっては、企画・編集・刊行に至るまで、日本標準の郷田栄樹氏と佐賀大夢氏に多大なご支援をいただいた。記して感謝したい。

二〇二三年一月

田中耕治・川地亜弥子

目次

はじめに　3

序章　日本における近代教育の成立と教育実践　13

学校の定着と教師たち　14
知育から徳育へ、教材や教育方法の自由から統制へ　14
「学級」の誕生　16　欧米の教育の影響　17
教科の本質を求めて　18　学校の変革を求めて　19
教育機会の拡大を求めて　20　社会の変革をめざして　21
教育者への抑圧・弾圧と自由な教育の終焉　21

第1章　教科の本質を見つめて　25

1　山本鼎の自由画教育　臨画から創造へ　27
自分が直接感じたものが尊い　27

美術家としての信念に基づく自由画教育運動　30
臨画批判から創造としての自由画教育へ　32
模倣と創造　34

2　友納友次郎と系統的文章指導　自己表現と技能教授の両立をめざして　39
「模倣」と「自由」への問題意識　39
書くことにおける系統性の追求　41
写実性の中に浮かび上がる「個性」　47

3　神戸伊三郎の理科学習論　学びの端緒は子どもの科学心の萌芽にある　51
大正期を代表する理科授業改善の実質的リーダー　51
「子どもは子どもながらに眞である」
——子どもの独自生長性への確かなる信頼の背景　52
理化学教育振興の旗手と期待された「児童実験」をめぐる現場の混乱　56
学習内容と子どもをつなぐ単元づくりと教材選定　57

4　小倉金之助と科学的精神の涵養　科学・数学の大衆化　63
数学教育史研究のパイオニア　63
数学の大衆化　64
二〇世紀前半の数学教育　65
小倉金之助の著作および後進の研究者たち　72
5　岡倉由三郎と英語教育　英語を学ぶ意義と楽しさを伝える　75
岡倉由三郎の経歴——英語教育界での草分け的存在　75
英語教育として何を教えるのか　76
何のために英語を教えるのか——英語教育の目的論　78
教授法の変革をめざして——直読直解・音声の重視　81

第2章　学校の創造　87

1　及川平治と分団式動的教育法　すべての子らのために　89
教育における個性尊重　89
動的教育の実践を求めて　90
分団式動的教育法の理論　94
及川、そして明石附小の教育をめぐって　97

訓導から見た及川の姿　98

2　**澤柳政太郎と成城小学校　「教育の事実」に基づく教育研究の試行**　101
成城小学校の誕生　101　従来の教育学から「実際的教育学」へ　103
成城小学校のカリキュラムの特徴とその実践　106
「科学的研究を基とする教育」をめざして　110

3　**羽仁もと子と自由学園　生活を通して学び、良き生活者を育てる**　113
社会の中で自律した生活者を育てる　113
自由学園の教育実践がめざすもの　116
羽仁もと子の経歴――ジャーナリズムから教育へ　120
自由学園に対する評価　122

4　**野村芳兵衛と池袋児童の村小学校　学校とは何か**　125
学校に共同生活を創造する　125
池袋児童の村小学校創設の諸条件と野村芳兵衛を取り巻く環境　128
「協力意志に立つ教育」の提唱　130　「協働自治」への変容　133

5　石井筆子と滝乃川学園　〝いと小さき者たち〟のために　137
知的障害のある子どもたちの教育を拓く　137
筆子の二つの顔　141　知的障害児の母として　142
保母の養成に尽力　144　〝いと小さき者たち〟へのまなざし　146

6　留岡幸助と家庭学校　愛と信仰の感化教育　149
「家庭にして学校、学校にして家庭」　149
キリスト者が拓いた児童福祉の世界　152
愛と信仰の教育　153　幸助から清男へ　158

第3章　社会変動と教育　161

1　戸塚廉といたずら教育学　教育と社会とのつながりを求めて　163
いたずら教室の連茶先生　163　「いたずら」へのまなざし　165
戸塚の歩み　167　実践の諸面——社会のもつ教育力　169
その後の戸塚が投げかけるもの　172

2　村山俊太郎と綴方のリアリズム　「生活をありのままに綴る」とはどういうことか　175
「概念的」にならず、生活の事実から生まれる感情を綴り見つめる　175
表現技術の指導と生活組織の指導で教室文化を高める　177
童心主義の克服から「調べる綴方」へ　181
綴方教育は生活教育にどう関わるか　184

3　石橋勝治の学級経営　子どもたちに自治の力を育てる　187
「くずとかすの子の集まり」と呼ばれたクラスとの出会い　187
自主・自律の力を育てる学習指導と学級経営　190
生産教育という視点　194
集団学童疎開と、社会科・全校自治会の実践　196

4　小砂丘忠義と生活綴方　自由の境地に立つための教育　199
綴方は人を自由にする　199
子どもがつくるオルタナティブな教科書としての文集
——表現と生活を育てる　201
表現指導と生活指導——綴方指導の目的は何か　204

技術重視の主張と生き生きとした言語を生み出す主体の重視　206

5　峰地光重と「生活」本位の教育　「生活指導」の成語化と転生　211

「生活指導」の成語化　211
自由選題主義と課題主義を止揚する生活指導綴方の系統案　215
児童の村小学校での経験　216　郷土教育と「調べる綴方」　219

巻末資料
戦前・戦中教育実践史年表　226
教科等（学科）および教科目等（学科目）変遷一覧　236
学校系統図　238

索　引　245

・旧仮名づかいは原則として現代仮名づかいに改めた。
・踊り字（一の字点、同の字点、くの字点など）は、適宜文字に置き換えた。
・合字・略体・文字を記号化したものは、現代かなや新字体漢字に改めた。
・旧字体漢字については、原則として新字体漢字に改めた。
・原典の誤記とみられるものについては、右横に「ママ」を付した。
・年齢は満年齢で記した。
・引用文中に、今日の人権擁護の見地に照らして不適当と思われる語句や表現があるが、当時の時代的背景を反映したものであること、作者が差別の助長を意図したものではないことが明らかであることから、原文どおりとした。

序章

日本における近代教育の成立と教育実践

学校の定着と教師たち

「りっぱな百姓姿。すでに一人前のいでたち。お前が四年生になっても、九九がいえないと叱られる俊一であったかと私はいぶかしむ。〔中略〕この子がたんぼではたらいている日の日中、おれは何をやったろう」[1]。山形の公立小教師であった国分一太郎は、家路で子どもと出会い、教室との違いに驚いた。「劣等児」が、家では一人前の労働者であり、教師以上に働いているのではないかとの気づきが描かれている。

国分がこのことに気づいた一九三〇年代は、学校が社会に定着し、都市部で若年労働力の需要が高まり、高い学歴（尋常小学よりも尋常高等小学[2]、できればそれ以上の学歴）が出稼ぎの職の選択に有利な状況が出現していた[3]。学力が進路につながるという時代であっても、子どもとの関係を優劣・上下で考えず、教師の仕事とは何かを問うている。

日本の近代学校制度成立以来、教師たちは学校とは何か、授業はいかにあるべきか、どのような社会を実現するかという問いと教師たちは向き合ってきた。ここでは、第1章以降の参考となるよう、一九四〇年頃までの日本の近代教育制度と教育実践について概観しよう。

知育から徳育へ、教材や教育方法の自由から統制へ

一八七二（明治五）年、学制によって近代的学校制度が導入された[4]。寺子屋では、書籍

は往来物、教具は紙と筆であったが、学制に基づく小学校では、書籍は教科書と呼ばれ、教具には石盤・石筆が導入された。文部省が雇い入れたアメリカ人スコット（Scott, M.M.）の影響が大きかった。

小学校は上等・下等に分かれ、それぞれ八級によって構成され、試験で半年ごとに進級し、四年で第一級となり卒業することが原則とされた（等級制）。等級制は、学制の序文ともいわれる「学事奨励ニ関スル被仰出書（おおせいだされしょ）」に示された、立身治産をめざす個人主義的人間像、知識重視の学問観に合致していた。個別教授中心の寺子屋とは異なる一方、江戸期の武士教育では試験制度がすでに成立しており、学制の新教科や内容の普及・定着を促した。その一方、試験の出来・不出来によって子どもを選別する力は強く働いた。

知識以上に「仁義忠孝」を重視する教育観が明示されたのは「教学聖旨」（一八七九年）である。これにより、儒教的な道徳教育を行う修身科が筆頭教科とされた（改正教育令、一八八〇年）。一八八九年に大日本帝国憲法が発布され、天皇による統治が示された。教育は法律ではなく勅令（天皇の命令）によることが基本となった。「教育ニ関スル勅語（教育勅語）」（一八九〇年）によって「人物第一・学力第二」の性格が強まった。

国民教育制度の基礎を整えたのは初代文部大臣森有礼（もりありのり）である。彼は帝国大学令、小学校令、中学校令、師範学校令を一八八六年に制定し、諸学校制度を大胆に改革した。小学校では学問と教育を区別して考えた。小・中学校に兵式体操や祝日儀式などが導入された。

師範学校には、公立小学校長と教師を養成する尋常師範学校と、尋常師範学校長とその教師を養成する高等師範学校があった。森は師範学校の教育を重視し、師範学校令第一条に掲げられた「順良、信愛、威重」の三つの徳を学生に育むことをめざした。師範学校は軍隊式であることを要請されたが、野口援太郎(のぐちえんたろう)は一九〇一年に姫路師範学校の初代校長となり「自治自修」を重視し、ユニークな教員養成を展開した。

教科書に対する国家統制は強まる方向で進んだ。教科書は、自由発行・自由採択制から開申制(一八八一年)、検定制(一八八六年)、国定制(一九〇四年)となった。

「学級」の誕生

学制が始まった直後の一八七三(明治六)年では、就学率の男女差が大きく、男が約三九・九%、女が約一五・一%(全体で約二八・一%)であった。それが大きく変化し、一九〇二年には全体で九〇%を超え、一九一〇年には九八・一%(男:九八・八%、女:九七・四%)となった。この変化には、学級編成方法の変更が関わっている。一八九一年、学級編成等に関する規則において、教師一人が一つの教室で最大限担当しうる生徒数(尋常小学校一学級七〇人未満)で学級を編成することとし、「学力及年齢」は二番目に考慮と示された(等級制の実質上の放棄)。当時、学年学級制を実施できる学校は少なく、単級学校、複式学級の学校が多数あった。多様な児童による学級構成が家族主義的な協調の精神を養成できると強調され、訓育重視の学級論が展開された。一八九四年の第六号訓令では、試験による席順の上げ下げを廃止した。一九〇〇年の第三次小学校令で義務教育が規定され、進級・卒業の判定は試験ではなく平常の成績の考査で行われた。授業料も無償となり、単級学校や複式学級が減少して学年制の学級編成が一般的になった。

欧米の教育の影響

スコットがもたらした『塞児敦（シェルドン）氏庶物指教』（一八七八年、庶物指教とはオブジェクトレッスンの訳）は、ペスタロッチ主義に基づく実物教授の方法を示した。高嶺秀夫と伊澤修二は、ペスタロッチ主義の理論と方法を東京師範学校の教育内容・方法に導入した。同校附属小では開発主義教授法が研究実践され、明治前期に広がったものの、実物の提示と問答という形式の普及にとどまったといわれる。その後、若林虎三郎・白井毅編『改正教授術』（一八八三年）により「心性開発」が教授の目的とされた。一方、これらとは異なるペスタロッチ主義の受容と実践を行う者もいた。留岡幸助はその一人である。

一八八七（明治二〇）年、ハウスクネヒト（Hausknecht, E.）が帝国大学に招聘され、教育学を講じた。彼に学んだ谷本富、湯原元一らは、ヘルバルト教育学の普及に貢献した。明治三〇年代に、ヘルバルト主義教育の個人主義的性格が批判されると、教育目的論におけるヘルバルト主義の流行は後退した。しかし、ヘルバルト派のライン（Rein, W.）らによる教授法の紹介は盛んに行われ、五段階教授法などの教授技術が広く普及した。ただし、教育目的・内容は国定であることを前提としており、ヘルバルト（Herbart, J.F.）が方法的単元を教材論と統一的に捉えていたことは看過された。明治三〇年代中頃には、五段階教授法は予備―教授―応用のように簡略化して実践された。

教科の本質を求めて

授業の形式化の進行とそれへの批判が高まる中、一九一七（大正六）年の臨時教育会議では小学校教育の改善策が諮問された。国家の教育目的・内容に抵触しない範囲での改善が許された。

その一方、教科の本質を追求する教育者たちは、教材・教育内容の自由を求めた。小倉金之助は、イギリスの数学教育改造運動に学び、「形式陶冶」（数学の教材を通じて精神能力を形成）を批判し、数学の大衆化を求めた。神戸伊三郎は子どもの「科学心」を重視し、子どもの問いから学習を構成し、子どもと学習内容をつなぐ単元や教材を重視した。

表現の科目では、模倣から脱却し、表現の自由を拡大することがめざされた。山本鼎は自由画教育を行い、クレパスも開発した。芦田恵之助は作者が自らの書くべき想いを見定めて書く随意選題綴方を主張した。一方、友納友次郎は、樋口勘次郎の自由発表主義を批判し、自己の思想感情を表現できる系統性を追求した。一九一八年には、鈴木三重吉が『赤い鳥』を刊行するなど児童文化運動も進み、子どもの自由な表現と教育を支えた。

中学校の科目として英語は憧れの対象であった。岡倉由三郎は教育目的・内容論を整理し、新しいメディアであるラジオで英語講座を担当するなど、英語学習の発展に尽力した。

学校の変革を求めて

教師の教養や専門性についての議論も活発に行われ、研究団体・組合などの結成、雑誌の発刊などが行われた。「自由」[5]の語にはドイツ観念論からの「liberty」と、英語の「freedom」の両方の影響が指摘されている（Yamasaki, 2017）。欧米諸国の教育論と実践を受容し、多様な実践が展開された。これらは大正新教育、大正自由教育と呼ばれている。

奈良女子高等師範学校附属小学校（以下、奈良女高師附小）の木下竹次は生活即学習を、東京女子高等師範学校附属小学校の北澤種一は作業主義を主張し、学校改革を行った。長野師範学校では実験的に少人数の研究学級を設置し、そこで一九一八（大正七）年から六年間持ち上がりで指導した淀川茂重の実践は、総合学習の源流としても知られている。二一年、東京高等師範学校講演会における八大教育主張では、手塚岸衛、及川平治、小原國芳らが論を展開した。

一九一二年から二九年には、子どもの自由と自治を求めて、帝国小学校、成蹊学園、成城小学校、自由学園、文化学院、池袋児童の村小学校、明星学園、玉川学園などの私立学校が開設された。これらの学校では、教師と児童との自治的運営により、よりよい生活へと進める技術を身につけることをめざした。これを可能にした要因として、都市中産知識階級の家庭の子どもを集め、自由な同志的集団としての教師が関わったこと、小定員（一学級三十名以内、一学年一学級の学校規模など）などが挙げられる。

上記の学校には短命なものもあったが、たとえば峰地光重（みねじみつしげ）が池袋児童の村の訓導（旧制小学校の正規の教員の呼称）を経て、故郷鳥取で小学校の訓導兼校長をし、郷土学校経営に尽力したように、これらの学校は教育者たちを結び育てる場としても重要であった。

教育機会の拡大を求めて

性別、境遇、障害などによって学ぶ機会が制限される中、その改善に奔走した人々がいた。羽仁（はに）もと子は、一流の専門家から学び、生活実態をつかんで改善する主人公として女性を位置づけ、雑誌『婦人之友』などを発行し、自由学園も女子部から開設した。留岡幸助（とめおかこうすけ）は、不良少年として学校から排除された子のための家庭学校を設立した。自然や農業を通じた教育を重視し、学費免除の制度もあった。学制には障害児を対象とした学校は「アルヘシ」と記されたが実現せず、一八八六（明治一九）年の小学校令でも就学猶予・免除対象とされた。女子教育の先駆者として知られる石井筆子（いしいふでこ）は、知的障害児教育にも夫の亮（りょう）

一と共に尽力した。四者とも、キリスト教の信仰に基づき、人としての責任と位置づけて尽力した。

社会の変革をめざして

公立の学校にも自治の語は広がったが、内容は不十分であった。池袋児童の村訓導（当時）であった峰地光重は、自治とは名ばかりで権威主義の教育が行われていると批判した。

そのような中でも、戸塚廉は学校の規範よりも子どもの疑問や抵抗を重視した（後に「いたずら教育学」と呼んだ）。石橋勝治は子どもたちの働きかけを重視する生産教育を行った。小砂丘忠義は、教師の小模型としての優等生を批判し、子どもの野性を重視した。留岡清男は、一九三七（昭和一二）年夏に北海道の教師たちと会い、綴方を読みあって感傷に浸るだけではダメだ、と批判した。これを契機とした生活教育論争が三八年頃まで行われた。[6] 生活教育における綴方の位置、教材の系統性と生活性などが争点となった。村山俊太郎の教室文化、生産的リアリズムなどの主張は、この論争を背景に理解する必要がある。

教育者への抑圧・弾圧と自由な教育の終焉

こうした議論と並行して、自由な教育に対する抑圧が進行した。一九二四（大正一三）

年には岡田良平文相が自由教育を非難し、松本女子師範学校附属小学校で川井訓導事件が起きた。二五年には奈良女高師附小の学習法が文部省から警告を受けた。四〇年には山形で村山らが治安維持法違反で検挙され、綴方教師、『生活学校』や教育科学研究会などによる教育者たちの検挙が続いた。

一九四一（昭和一六）年、国民学校令により「皇国ノ道ニ則リテ初等普通教育ヲ施シ国民ノ基礎的錬成ヲ為ス」ことが目的と示された。貧困による就学免除・猶予の制度を廃し、障害児のための特別の養護施設を講ずるとうたわれた。家庭で義務教育を行える旧制は廃止された。教育の権利の保障というよりも「皇国の道」の教育を徹底する体制であった。四四年からは八年間の義務教育としていたが、戦時非常措置となり、延期のまま敗戦を迎えた。

以上、駆け足で戦前の教育改革について概観した。もちろん、単純に現代の改革へと適用することには慎重でなくてはならない。しかし、現状を打開し、困難を乗り越え、理論的・実践的に教育が追求されてきた歴史から学べることは多いだろう。

（1）国分一太郎（大田堯他編）『国分一太郎文集3　子どもをとらえる』新評論、一九八三年、四九―五〇頁。

（2）後期初等教育。一九〇七年に澤柳政太郎文部次官のもとで義務教育として尋常小学校の修業年限が四年から六年に延長されて以降、高等小学校は二年間。一九〇七年以降、尋常小学校から中学校・高等女学校に進学することもできた。一九四一年国民学校令によって国民学校高等科となった。

（3）木村元研究代表『社会変動と教育実践・教育学構造に関する社会史的研究』日本学術振興会科学研究費補助金研究成果報告書、二〇〇四年、特に第3章。

（4）学制に先駆けて、長崎海軍伝習所ではオランダ人によって①基礎教育・専門教育・実習を組み合わせたカリキュラム、②時間割、③一斉教授、④黒板の使用などが行われ、これが近代学校の諸方式を初めて実施したものといわれている。

（5）Yamasaki, Y. and Kuno, H. eds. *Educational Progressivism, Cultural Encounters and Reform in Japan*, Oxon: Routledge, 2017.

（6）中内敏夫『生活教育論争史の研究』日本標準、一九八五年参照。

【参考文献】

・沖田行司編『人物で見る日本の教育　第2版』ミネルヴァ書房、二〇一五年。
・木村元編『近代日本の人間形成と学校――その系譜をたどる』クレス出版、二〇一三年。
・立川正世『大正の教育的想像力――「教育実際家」たちの「大正新教育」』黎明書房、二〇一八年。
・豊田ひさき『「学びあいの授業」実践史――大正・昭和前期の遺産』風媒社、二〇二〇年。
・中野光『学校改革の史的原像――「大正自由教育」の系譜をたどって』黎明書房、二〇〇八年。
・橋本美保・田中智志編著『大正新教育の実践（プラクシス）――交響する自由へ』東信堂、二〇二一年。

第1章

教科の本質を見つめて

教科とは何か。この問いは、教育の目的とは何かという問いと深く結びついている。

教科目等の変遷（二三六―二三七頁参照）を見れば明らかなように、今では当たり前となっている「国語」「社会」などの教科も不変の枠組みではなく、ある時代状況の中で誕生したものである。

教科とは何かを根本から問いながら、新しいメディアを活用し、教育・学習用の新しい道具、具体的な教材やカリキュラムの開発を行っていく教育者たちの取り組みは、現代に生きる私たちに、大きな示唆を与えてくれる。

本章に登場する教育者たちが、どのような信念に基づき、どんな人を対象に、何を、どのように教えるべきだと主張し、実際の取り組みに結びつけていったのか、考えてみよう。

1 山本鼎の自由画教育

臨画から創造へ

自分が直接感じたものが尊い

誰でも、学校の授業で自分が描きたい対象を選び、それを自分が感じたままに自由に描いた経験があるだろう。今では決して珍しくないこのような創造的な写生の活動を学校教育にもたらすきっかけをつくった人物こそ、大正時代に自由画教育運動を指導した美術家、山本鼎(やまもとかなえ)(一八八二―一九四六)である。

「創作とか人間のあらゆる仕事とか云うものは、自分直接に感じたものが尊い、そこから種々の力が生(うま)れて来るものでなければならない」(1)。こう考えた山本は、もっぱら手本となる画(臨本)を模倣させる当時の図画教育を批判し、モチーフ(画題)、画材、道具といったすべてを子どもたちに自由に選択させ、子どもたちに自分の目で見たもの、感じたものを描かせる自由画教育を提唱する。以下は、山本による、ある「お嬢さん」への指導の記録である[2]（記録には「お嬢さん」の年齢などは書かれていない）。

（私は）「好きなものを描いて御覧なさい」と云ったきりで知らん顔して居た。お嬢さんは困ったあげく、食卓の上にある湯のみを描きはじめた。処が忽ち筆をおいて、

「お呑が円く浮き出して見えて居るのを、どうしたら描けるのでしょう」

と、じれ出した。私は笑いながら、

「円く浮き出して見えますか、そいつは結構。では何故円く見えるのかを考えてお覧なさい。ほの明るい面と暗い面がぼやけるように連続して居るでしょう。あれですよ、あなたに円く浮き出て見えるのは――あの濃淡を描いて御覧んなさい」

と教えた。お嬢さんは、面を紅らめて又描き出したが、間もなく、

「あの濃淡を、明るい所や暗い所を、一体どんな色で描いたらいいのでしょう」と、すねくりはじめた。

「［中略］眼を働かして御覧なさい。そら、蔭の部分は大体薄い紫紺色でしょう。そして其端の方は、食卓の赭い板の反射でほんのり紅がさして居ますね。日向の方は、障子の外の青空が映って青味を含んで居ますよ。だから、青が見えたら青、黄味を感じたら黄味、紅が見えたら紅を、見えるような濃さにつけておいでなさい。［中略］」と、

教えた。［中略］お嬢さんはこれに味を得て［中略］温泉ゆきにも画の具箱を携えて出かけたが、

「先生、美しい美しい青空を、どんな彩で描いたらいいんでしょう。［中略］」

と手紙で訴えて来た。私は
「まだそんな事を云って居るんですか。見えた通りにお描きなさい。もし私が、空はコバルトでお描きなさいと申して、あなたが其通りになすったら、あなたはコバルトを塗った役目をしただけで、美しい美しい空を、感じた人でも描いた人でもなくなるじゃありませんか」

と返事した事であった。（括弧は引用者）

山本は生徒である「お嬢さん」に対して、何を描きなさいと指示することはない。「好きなものを描いて御覧なさい」と言ったっきりで「お嬢さん」が困っても「知らん顔」をしている。絵を描く際にはまずモチーフを選ばなければならないが、その選択が「お嬢さん」の価値観やセンスに任されているのである。また、手本のように描きなさい、湯呑みはこのように描きなさい、空にはこの色を使いなさい、といったように生徒の絵画を型にはめていくような指導をすることも決してない。あくまで自分の感じたことを見えた通りに描かせようとする。子どもが直接感じたものを第一にする自由画教育はしかし、放任主

自由学園で写生を指導する山本（写真中央）

出典：自由学園資料室所蔵

義や無指導といったものではない。山本はまず、生徒が描きたいものを描くように促す。そして、生徒が何を見ているのか、何を感じているのかを捉えながら、生徒自身が「お呑が円く浮き出して見えて居るのを、どうしたら描けるのでしょう」と、自分が描きたいものを表現するためにその技術に関して質問しはじめたときに、その方法を教えているのである。ここで採られているのは、「技巧化した範を示さずに、技巧を発見する事を教えてやる」(3)という指導方法である。

美術家としての信念に基づく自由画教育運動

自由画教育の主張は、長年の美術家としての生活において培われた山本の信念に基づくものである。山本は絵の描き方について次のように語る。(4)「何でも善いからやりたい事は撤底的にやって貰いたい。［中略］自分がそう感じた以上は赤い花を紫に描いても差支えはない。自分の心に対して誠実な事なら他人に対して服従する必要はないのである。人がこうしたから俺もそうしようと云うのは実に厭(いや)な悪い考えだ。画には個人性のはっきりと現われて居る事が一番貴といのである。呉々も自分を偽っては不可ない」。このように山本は、個性的表現とそれを貫くための自分への誠実さを徹底して求めた。

一八八二（明治一五）年、愛知県岡崎市に生まれた山本は、一一歳の時に木版作業家桜井暁雲のもとに弟子入りし、版画職人としての修行を積みはじめる。東京美術学校洋画科に入学後、雑誌『明星』（一九〇四年七月号）に芸術表現としての創作版画「漁夫」を発表して一躍脚光を浴びる。それまで実用的なものとみなされていた版画を芸術表現に高めた山本の「漁夫」の発表は日本の版画史上画期的なことであった。ここに、木版の世界において職人の域にとどまってはいられなかった美術家山本の心性を垣間見ることができる。その後、フランスへの遊学において「リアリズム」の信念を得る。山本のいう「リアリズム」は、いわゆる美術史上の写実主義とは異なり、徹頭徹尾「自分の眼でみる」ことを重視する独自の考えである。この「リアリズム」の信念は、自由画教育の中核を成すことになる。

フランスからの帰国途中に滞在したロシアにおいて、山本は児童創造画展を訪れた[5]。ここで山本は、ロシアの子どもたちの生き生きとした創造画に圧倒される。このことは日本の図画教育への問題意識へとつながり、自由画教育運動の直接の契機となる。帰国後、父の住む長野に戻ると、山本は、後に運動の協力者となる地元の研究熱心な教師たち（金井正、山越脩蔵ら）に出会う。この出会いによって自由画教育運動が動きだすことになる。

自由画教育運動は、一九一八（大正七）年十二月、長野県の神川小学校で山本が「児童自由画の奨励」と題して講演したことを皮切りに、長野、東京、京都、大阪、そして四国、九州の各地における児童自由画展覧会の開催、雑誌『芸術自由教育』創刊などによって広く展開し、一九二八（昭和三）年に山本が自ら自由画運動打ち切り宣言をするまで継続する。

自由画教育運動は、文学者鈴木三重吉による雑誌『赤い鳥』（一九一八年創刊）を中心とした童話童謡の創作運動や成城小学校での斎田喬の学校劇実践などと並び、芸術家らによって推進された大正期芸術教育運動に位置づけられる。山本は、『赤い鳥』や、『金の船』（一九一九年創刊の童謡童話雑誌。後の『金の星』）において児童自由画の選評も行っていた。

臨画批判から創造としての自由画教育へ

日本の子どもたちの画はなぜロシアの子どもたちの画のように生き生きとしないのか。山本は、その原因が臨画にあるとした。明治時代の日本の図画教育の中心は臨画であった。臨画とは、臨本に掲載された示範画を忠実に再現するものである。日本の図画教育が臨画主義となった背景には、江戸幕府の蕃書調書において画学が科学教科、技術教育の領域に位置づけられていたことや、「型より入って型を出る」という、形体模倣を経てはじめて個性的表現が生まれるとする日本の伝統的芸道精神からの影響があった[6]。自由画教育運動が始まる頃には、写生画が導入された国定教科書『新定画帖』(一九一〇年)が発行されていたものの、実態として当時の学校現場では臨画主義が継続していた。

山本は、この臨画を痛烈に批判する。「子供等にあれ程チャーミングな自然観があるのに、あれ程な自由活達な表現力があるのに、身の程を知らない大人共が、貧相なお手本を作って子供らの能力に堅い蓋をして平気で居る」[7]。山本にとって、模写を強いる臨画は、個性的表現が塞がれてしまう「不自由画」であり、それを救おうとするものが「自由画」であった[8]。

自由画の本来意味するものは、創造(Creation)である。創造とは、子どもの智慧や知識、経験、印象、感覚、認識が一斉に働く「渾一な表現」であり、教師の仕事は、「ただ生徒らを此自由な創造的活機にまで引き出す事」[9]である。こうして山本は、表現の精神を説き、創造を奨める美術教育としての自由画教育を主張する。

児童自由画展覧会における児童画の鑑別や講演等の他方で、山本は、一九二一(大正一〇)年に当時の高等女学校令に制限されない自由な教育をめざして設立された私立学校自由学園(羽仁もと子、吉一夫妻が創設したキリスト教の精神に基づく学校)において、創設時から約二〇年にわたって教師として美術教育を受け持っていた。この学園において、山本は自分の担当する授業を「美術の時間」と呼び、この時間を絵画(素描、色彩)、工芸(自己装飾、室内装飾)、鑑賞・批評(自然美、芸術美)の三つの領域で構成した[10]。

また山本は、ロシアの児童画と比較して日本の児童画の見栄えがよくない原因が粗悪な用品にもあると考え、その改良のために桜商会と協力してクレヨンとパステルの各長所を取り入れたクレパスを開発したことでも知られている。[11]

自由画教育運動の影響によって、一九三二（昭和七）年に発行された国定図画教科書『尋常小学図画』には自由画や個性を重視する要素が含まれることになる。また、山本の自由画教育の精神は、戦後の美術教育に大きな影響を与えた「創造美育協会」（一九五二年設立）の源流の一つとなった。[12]さらに自由学園の「美術の時間」の三領域構想は、現在の学習指導要領の内容構成を先取りするものであると評価されている。[13]

模倣と創造

自由画教育運動が勢いを増す中で、美術家の立場から当時の図画教育を批判した山本と図画教師たちとの間で自由画論争が巻き起こった。一九二〇（大正九）年、『中央公論』夏季特別号において、山本は「自由画教育の要点」を発表する。これに対し、同年『中央公論』九月号にて、谷鐐太郎、本間良助、今井伴次郎は、「山本鼎氏の自由画教育提唱に対する図画教育者側の抗議」として自由画教育を批判した。彼らの主な批判点は（自由画教育では教師の指導は無用とされるといった誤解に基づく批判を除けば）、当時の教育界の事情を美術家である山本が理解していないことにあった。その事情とはたとえば、普通教育としての目的のもとにある図画教育課程において教師の勝手は許されないこと、図画教育には美術教育だけではなく実用主義的な科学的合理的描写も含める必要があること、さらには時間的な制約があることや、すでに臨本ではない国定教科書『新定画帖』の実情などである。また、阿部七五三吉も、『教育研究』誌上「山本鼎氏の自由教育につきて」において同様の批判を行った。一方で、自由画教育の内容自体に切り込む批判もなされていた。先の今井は、模倣が児童の天性であるとして臨画の必要性を指摘した。ここには、美術教育における模倣と創造の問題がある。

自由画教育に対しては美術家らからの批判もあり、その焦点も模倣の問題にあった。ただし、美術家たちはいずれも、山本が質の悪い臨本に基づく教育を否定したことについてはその功績を認めている。しかし、芸術において模倣のない絶対的な自由は現実的にありえないとして、模倣自体の否定については異を唱えた。岸田劉生は、「一切の美術品からの模倣を排斥した時に残るのは伝統の否定即ち原始の眼で自然に触れることである」[14]、として、模倣を否定する自由画教育が美術を野蛮な原始時代に還（かえ）すものであると批判し、模倣は学びであること、独創よりも美が重要であることを説いた。

また、有島生馬と岡本一平は、自由画教育が自由画型の画の模倣を生んでいるパラドックスを指摘した。有島はそれを、「自由画型教育なるものの弊害」と呼び、岡本は、「自由画と云う一定の型が出来てしまった様で、つまり第二のマンネリズムと云う様な傾がある」

と述べ、手本となるよい作品が必要であるとした[15]。

山本は、自由画教育は法則ではないとして、子どもが画集の画を模倣することなどを完全に否定していたわけではない。しかし、求めたのはあくまで子どもの智慧や知識、経験、印象、感覚、認識の「渾一な表現」としての創造であり、臨画に対しては徹底して批判の意志を貫いた。山本は、次のように述べた[16]。「人の作ったものを模写すりゃ、手っ取早く、形だけは出来る。が、それじゃつまらないじゃないか。［中略］矢張り僕は、子供達が可愛ければこそ、本当にその子の為になるように、苦しくても彼等自身でモチイフを掴むことから、構図することから、表現すること迄をやらしたいのです」

臨本を模写すれば、子どもの絵は時間をかけずとも整ったものになる。しかし、山本が求めたのは、大人が与える既成の型にそって子どもを綺麗な形に整えていこうとする教育ではなく、人間誰もが本来有する創造性を生長させようとする教育である。そこでは、子どもの「整っていない」絵が出てくることは真実の露呈であり、かえって歓迎される。美の規準は自分にあり、自分の眼でみて、自分で画題を決めて……といったように、子どもは自分への誠実さをもって、自分の足で表現の過程を歩んでいかなければならない。そこにみえるのは、自分の好きなようにする楽しさがあるだけの「自由」のイメージではない。

山本の息子、詩人山本太郎は、次のように回想する[17]。父は、「赤い色のそばに何色をおけば『君はいい気持ちになれるかい』」とそそのかしたりした。与えられた環境は見事に自由だった。しかし、感情は模倣しやすく、自由を拘束と感じる時がくる。「さけがたい常識の枷［中略］が中学生の僕の制動機となり、輝いていた色彩は臆病に配置されて忽ち鈍化」した。「より勁い、より巨きな自由へ脱皮しようとする時、父は格別、息子に手をさしのべたりはしなかった。［中略］自力で叩かねばならぬ扉を彼は暗示しただけだった」。「自由への脱出」への鼓舞となったのは、「『自分でつかんだものだけが尊い』という勁い自由意志を貫いた彼の生きざま自体」であった。

自分が直接感じたもの、自分でつかんだものを尊ぶ意志は、おのずと模倣を離れ創造へと向かう。自由画教育の重点は、子どものいっときの模倣さえも完全に排除するといった考えの次元のうちにあるのではなく、表現の過程において時に迷いながらも徹底して自らに由ることを求める芸術家としてのひとつの姿勢そのものにあったのではなかろうか。

（1）山本鼎「血気の仕事」『学校美術』第三巻第五号、一九二八年、四〇―四一頁。
（2）山本鼎『自由画教育』アルス、一九二一年、二〇―二一頁。
（3）同右書、二二頁。
（4）山本鼎『油絵の描き方』アルス、一九一七年（一九二三年版）、一八―一九頁。
（5）山本はロシアにおいて農民美術にも出会い、それは彼の農民美術運動につながった。
（6）上野浩道『芸術教育運動の研究』風間書房、一九八一年、六四―六六頁。
（7）山本、一九二一年、一三頁。

（8）同右書、三頁。
（9）同右書、一一、五頁。
（10）山本鼎「児童と図画」藤五代策・山本鼎『玩具手工と図画』児童保護研究会、一九二四年、八三―八五頁。
（11）宮坂彦一「美術教育」長野県教育史刊行会『長野県教育史　第五巻　教育課程編二』、一九七四年、三二五―三二六頁。
（12）山住正巳「近代日本の芸術教育」『現代教育学』第八巻、岩波書店、一九六〇年、五八頁。
（13）岡田匡史「山本鼎から学ぶこと：自由画教育運動と現在の美術教育」『地方教育史研究：全国地方教育史学会紀要』三五号、二〇一四年。
（14）岸田劉生「図画教育私見―自由画に就て―」『明日の教育』第一巻第四号、培風館、一九二一年、三四頁。
（15）有島生馬「自由画ではない児童画」、岡本一平「鑑賞力と共に」創作手工協会編『現代美術三十大家　児童画の指導』モナス、一九二五年、一一、六九頁。
（16）山本、一九二八年、三八、四一頁。
（17）山本太郎「習うより…」『美育文化』第三六巻四月号、一九八六年、九、一一頁。

【自由画教育に関する代表的な先行研究】
・上野浩道『芸術教育運動の研究』風間書房、一九八一年。
・金子一夫『近代日本美術教育の研究―明治・大正時代―』中央公論美術出版、一九九九年。

2 友納友次郎と系統的文章指導

自己表現と技能教授の両立をめざして

日本における文章指導の特徴の一つとして「自己表現」を重視する点が挙げられる。「ありのままの自分を自由に書きなさい」という言葉はその象徴であり、小難しい文章表現の技術を教えることよりも子どもが書きたいこと（感想）を書く方が優先されてきた。このような日本の作文教育のあり方は、その是非も含めて、昨今とみに議論の対象とされている。では、書く技能なくして自由に書くことは可能なのだろうか。ここでは、文章指導における自己表現と技能教授の間で葛藤した友納友次郎の綴方教授論を紹介する。友納の理論・実践を読み解くキーワードは、「系統性」と「写実」、そして「個性」である。

「模倣」と「自由」への問題意識

友納友次郎は、小学校教員として、福岡県の門司高等小学校（一九〇一―〇七年）、福岡女子師範学校附属小学校（一九〇七―一二年）、広島高等師範学校附属小学校（一九一二―一九年）に勤め、読むこと、書くことについて実践・理論両面から貢献した人物である。小学校教員を辞した後には、小倉市の学務課長を経て、文部省図書局嘱託に招かれ、実践家を代表して国定教科書『国語読本』の編集に従事した。友納について語る上で欠かせないのが、芦田恵之助である。両者は「東の芦田、西の友納」とも呼ばれ、東京高等師範学校附属小学校の芦田、広島高等師範学校附属小学校の友納として、当時の日本を代表する教師であった。そんな両者は大正期の綴方教育界を席巻した随意選題論争の当事者であり、まさに論敵と呼べる間柄であった。一方で、互いに酒を酌み交わして互いの身の上を案じ合い、芦田は友納の東京進出を援助するなど、両者は友人と呼べる間柄でもあった。

友納の綴方教授における問題意識は、明治期の範文模倣主義と自由発表主義への批判的態度に表れている。明治期には、寺子屋における手習いや素読の流れを受け継いで、文章の型そのものが目的化し、難解な文語体の範文を暗誦することが児童に求められた。このような範文模倣の綴方教授法に対して友納は、児童の考えが文章に反映されていない点を批判した。彼は「児童の綴方に対する態度はどこまでも自己の思想感情を遺憾なく表彰（ママ）しようと努める自然の欲求でなければならぬ」と主張し、児童の自由な思想や感情が文章の中で表現されることを重んじた[1]。

範文模倣に続いて綴方の指導に大きな影響を与えたのが大正自由教育の先駆者とされる

樋口勘次郎によって唱えられた自由発表主義である。樋口は、綴方の指導において児童が書きたいことを自由に発表する教授法を唱えた。彼は、系統的な教授細目を定めず、文題（文材）も文体も児童の自由に委ねることが綴方の本旨に適うと考えたのである。友納は、文語体を強いる旧来の範文模倣主義から児童を解放した点においては自由発表主義を肯定的に評価しているが、教授細目の意義を否定し、文題（文材）の選定を児童任せにした点においては多作放任主義に陥ると批判した。以上のような問題意識から、友納は系統性のある綴方教授によって、児童が自己の思想感情を表現できる道を模索しはじめたのである。

書くことにおける系統性の追求

友納は自由発表主義の多作放任を批判したように、児童に好き勝手に書かせているだけでは書く力が十分に養えないことを初発の問題意識として、国語教育としてすべての子どもに書く能力を養うためにはどのような方途があるのかを模索していた。そこで彼は書くことの指導を系統化することで、何をどの順序で教え、学ぶことが効果的なのかを配列することを試み、系統的教授細目を作成した（図1）。すなわち、学校で綴る力を養うためには各学年の児童に適した練習目的と教材が系統的にまとめられている必要があると考えたのである。この教授細目では、部分記述の後に全体記述が想定されていたり、静的記述の後に動的記述が想定されていたりと、「易から難へ、簡から繁へ」という教授・学習内容の配列が意識されている。さらに、この教授細目を掲載した著作には、細目記載の各学年・各学期の取り組みに関して、文章練習の目的と文材が並べられ、そのいくつかには授業案（教師・児童の対話形式）や教師による文案、児童の作品例も収録されている。従来

図１　系統的教授細目

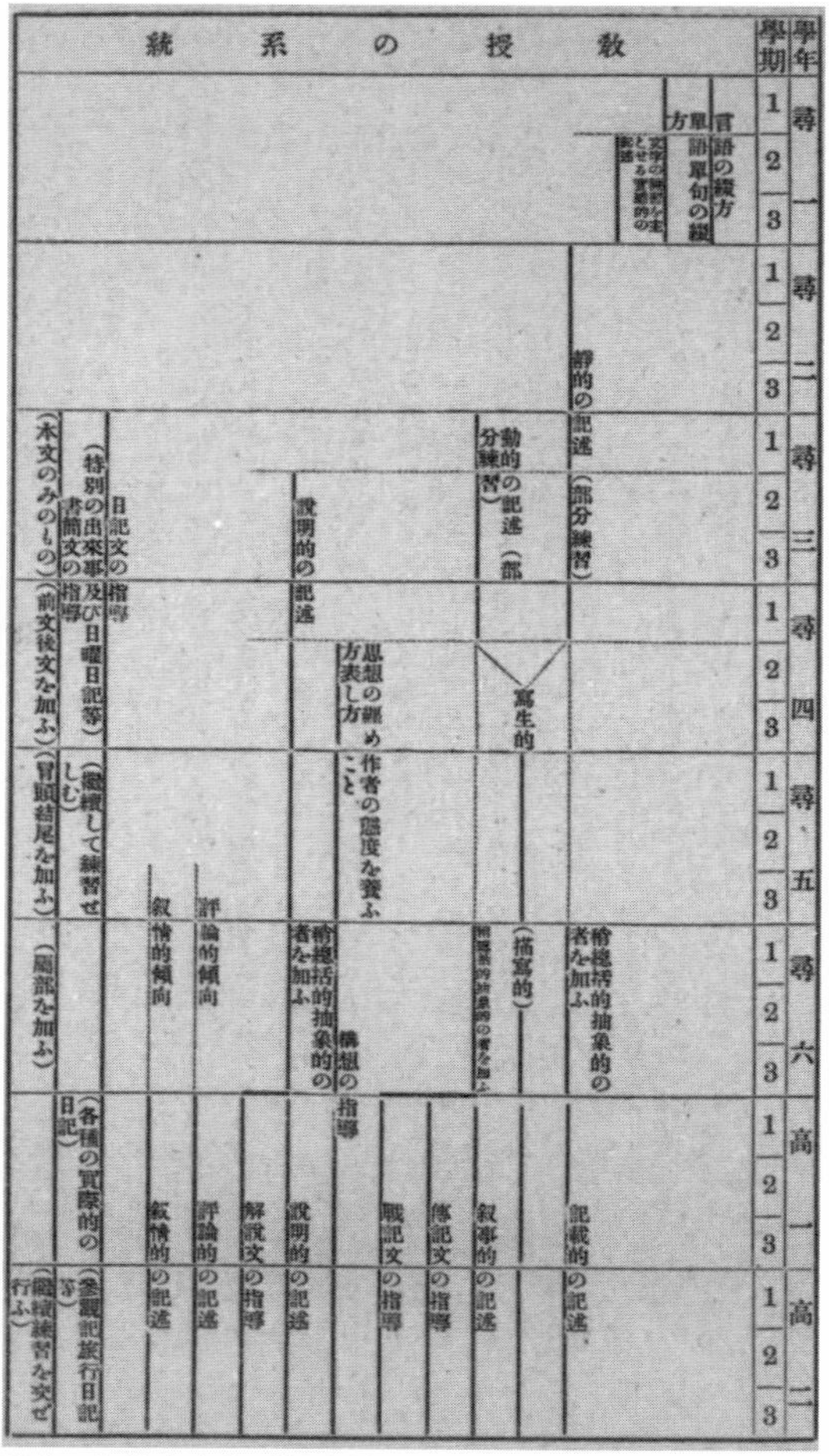

學年	學期	教授の系統
尋一	1	言語の綴方／單語單句の綴方
	2	文字の[illegible]を主とせる實用的の記述
	3	
尋二	1	
	2	
	3	静的の記述（部分練習）
尋三	1	動的の記述（部分練習）／日記文の指導（特別の出來事及び日曜日記等）／書簡文の指導（本文のみのもの）
	2	説明的の記述
	3	
尋四	1	（前文後文を加ふ）
	2	思想の纏め方表し方／寫生的
	3	
尋五	1	作者の態度を養ふこと／（繼續して練習せしむ）／（冒頭結尾を加ふ）
	2	
	3	叙情的傾向／評論的傾向
尋六	1	稍概括的抽象的の者を加ふ／[illegible]／（描寫的）／稍概括的抽象的の者を加ふ／（局部を加ふ）
	2	
	3	構想の指導
高一	1	（各種の實際的の日記）
	2	
	3	叙情的の記述／評論的の記述／解説文の指導／説明的の記述／戰記文の指導／傳記文の指導／叙事的の記述／記載的の記述
高二	1	（參觀記旅行日記等）／（繼續練習を交ぜ行ふ）
	2	
	3	

出典：友納友次郎『綴方教授法の原理及實際』目黒書店、1918年、147頁。

の文章指導が範文模倣や自由発表というノンプログラムなものであったことからすると、このような子どもの書く能力に基づくカリキュラムは先進的であった。

では、友納の具体的な実践場面を見てみよう。ここでは尋常科三年生（現在の小学校三年生相当）での静的記述の教授場面を紹介する（教師の発言をT、子どもをCで表記）。[2] 文材は「床屋の内部の光景を描ける絵画」（図2）、目的は「絵画にあらわれる内部の光景をなるべく詳細に叙述させる」とされ、教師が書いた文案も示されている（ここでは省略）。この実践とは別物であるが、彼の教室の雰囲気は後掲の図3が参考になる。

図2　床屋の絵画

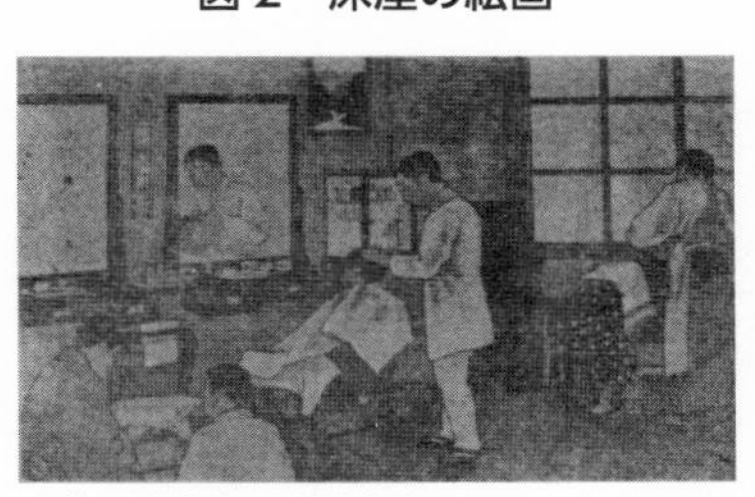

出典：同右書、179頁。

絵画を示して

Tこれはどこの有様を描いたものでしょう。

C床屋です。

C髪を刈っているところです。

Tこんな床屋に行ったことがありますか。

Cあります。

C昨日行きました。

Tこの人は。

C床屋です。
T床屋は今何をしていますか。
C髪を刈っています。
C子どもの髪を刈っています。
Tこれは何ですか。
Cバリカンです。
C髪を刈る道具です。
Tこれは何ですか。
C鏡です。
C髪を刈っているところがうつっているのです。
T床屋が髪を刈っているところをもう少し詳しく話してごらん。
C左の手で頭をおさえて、右手のバリカンで髪を刈っています。
C床屋は縞のズボンを着て、白い上衣を着ています。

Tそれでよろしい。今度は刈ってもらっている子どものことを話してごらん。
C大きな椅子に腰をかけています。そして白い布でつつまれています。
C白い布の上に髪の毛がたくさん落ちています。
Tよろしい。……これは何をしているところですか。
C頭を洗っているところです。
Cもう刈ってしまったのです。
C髪を洗っているのは床屋の弟子です。
T頭を洗っているところをもう少し詳しく話してごらんなさい。
C子どもは丸い椅子に腰をかけて、頭を洗ってもらっています。
C肩から手拭いをかけています。子どもは前にうつむいて頭をさし出しています。

Tそれでよろしい。［中略］ではうまくまとめて綴ってもらいましょう。

Cどこから書いてもよいのですか。

Tそうです。順序はみなさんのご勝手です。しかしあれを書いたりこれを書いたりして、飛び飛びになってはいけません。ちゃんと順序の立つように工夫しなければなりません。

C今お話ししたことよりほかのことは書いてはいけませんか。

Tいや、まだ気をつけたら書かなければならぬことがたくさんありましょう。また自分の考えでこれは書かなくてもよいと思うものもありましょう。それもみなさんのご勝手です。とにかくこの絵を見ているようにはっきりと書けたらよいのです。さあ綴ってごらんなさい。


（記述）

机間を巡視して、観察の粗漏な点や、記述順序の適否等について指導を与える。

すべての児童が記述しおえるを待って、まず記述順序について批正を加え、次に朗読批正によって観察の精粗や、記述の適否について指導を与える。場合によっては文案を読み聞かせてもよい。


このような静的記述の練習は二年生から継続的に行われ、これに引き続く形で三年生ではさらに動的記述の練習が行われる。動的記述では、自己の行動の記述、自己の行動が他に及ぶものの記述、自己の行動を離れた客観的な記述と展開される。たとえば、走る馬、物をかついでいく人、傘をさしていく人など、教室の窓から見えるものを文材としながら、記述することが求められる。そして徐々に部分的ではなく、全体的・総合的な記述として、すなわち一つの文章としてまとめて書くように促され、たとえば「雨上がりの朝」のような、先に挙げたような人や動物、物に関する部分記述を総合して書く題材が提示される。四年生以降は思想のまとめ方・表し方として、自然観察などを通して児童の心の内に生起した感情を書く段階が設けられている。

このように、友納の綴方教授は系統性を重視して展開されている。もちろん、その時代性ゆえに不十分な部分はあるものの、彼の教授細目には、教科内容としての系統性のほか、児童の発達段階や書くことに関する段階的な教授・学習内容の配列など、発達と能力に基づく書くことのカリキュラムづくりへの志向性を見て取れる。子どもの心情や感想を書かせることが中心の作文教育から見ると、やや違和感を覚えるもののように思われるかもしれない。しか

図３　教室での指導の様子

出典：前掲書、巻頭。

し、子どもを放置していても書ける子だけが書けるようになり、書けない子はいつまでも書けないままで取り残されてしまうことに鑑みると、教科内容や子どもの発達・能力に基づいて、どの子にも一定の書く力を保障しようとする友納の問題意識は、現代においてもなお、その重要性が失われたわけではない。

写実性の中に浮かび上がる「個性」

系統性や練習目的を重視するこのような友納の綴方教授法は、ともすれば書く技術の習得を優先させ、子どもの個性的な表現を抑圧するものではないかとも考えられる。しかし、彼は児童の自由な記述や個性的な表現を軽視したわけではなく、むしろこれを重視していた。それは、ひとつには先ほどの授業例の末尾にも表れている。友納は「床屋の絵画」という文材を固定してはいるものの、その中でどこに着目し、それをどのように表現するかについては、「みなさんのご勝手」としている。すなわち友納は、系統性のある教材と目標の配列によって綴方において児童が書く能力を身につけられるようにするという観点から本時において何を書くかというテーマや文材を提示したうえで、そのテーマや文材の中で何に着目し、どのように表現するかについては、かなりの自由を認めていたのである。これは、模範文を書き写すことを児童に強いたことで児童の思想・感情の十分な表現を許容しなかった範文模倣主義への批判的な彼の態度とも一貫している。

このように友納は範文模倣主義への批判的意識から、綴方において児童がありのままの思想・感情を表現することを尊重した。しかし一方で、自由発表主義のように児童にありのままに思い感じたことを書けばいいと言ったとしても、「ありのまま」を書くことは決して簡単なことではない。この点について友納は、児童の心が常識的な感覚に束縛されやすく、ある対象を見てもその対象の「類性」にばかり目がいき、「個性」を発見できない傾向にあるからだと考えた(3)。

友納は理科と綴方を対比して「個性」「類性」を説明している。理科においては油菜を研究する場合には油菜の「個性」を捨て、「類性」として「十字科(ママ)植物一般の観念」を捉えるが、これに対して綴方では事物の中から「類性」を捨て「個性」を見いだす必要がある(4)。すなわち、個々の事物に宿る共通点が「類性」であり、相違点が「個性」であるといえる。たとえば、子どもに文章を綴らせると、太鼓の音は「どんどん」、鐘の音は「かんかん」、三味線の音は「ぴんぴん」に決まってきてしまうのは、「類性」に感覚が束縛されている状態だという。友納は綴方において「その物、その人の個性なり性格なりを鮮明に描き出すには、どうしても類性を斥(しりぞ)けて個性を描かなければなら」ず、「独創とか創作とか云うことは、此の個性を見出すことで、他人の見出だせない特色を見出すということに外ならない」と考えたのである(5)。

綴方において児童がありのままに思想・感情を表現できるようになるためには、常識に囚われ、類性の引力に縛られやすい児童の感覚を解放し、物事の個性を描き出す力を養う必要があると友納は考えた。彼は写実主義的綴方に着想を得ることで、対象世界を注意深く観察し、そこで知覚したものを「類性」に囚われずに自分の言葉で表現するところ（「描写」）に、子どもそれぞれの「個性」が宿ると考えた。芦田が仏道修行のように自己の内と深く向き合う「自己内観」を通して子どもの「個性」が発露することを求めたのに対して、友納は外界をつぶさに観察して写実的に表現することを通して、子どもが自らの知覚を信じて表現する「自己信頼」を通して「個性」が発露することを求めたといえる。

このような友納の考え方は、児童作文に対する彼の批正（評価）にも表れている。彼の著書では、風を描いた自然描写の児童綴方が「動く自然」の綴方として紹介されている。友納は風を描いた児童綴方において、袴がピッタリ足にくっつく様子を、「着物のすそも袴のすそも左の方はぴったりと足にくっついて右の方へ逃げようとあせっている」と子どもも自らの言葉で描けている点を高く評価した。語彙の多い大人であれば「裾をふきまくった」や「裾があおった」という言葉で終えてしまうところを、書き手として「未成熟」な児童がその感性をありのままに「描写」したからこそ紡ぎ出せた表現であり、友納は「未完の表現」のおもしろさを評価したのである。

以上のように友納は、文章指導の系統的なカリキュラムと各段階の練習目的と文材を明確にし、さらに観察したものを写実的に書くことを重視した。これによって、児童が文章を書く技能に習熟し、文章の中で自己を存分に表現できるようになることを友納は企図したのである。範文模倣を強いるのでもなく、放任して「自由」に発表させるだけでもなく、系統的な技能教授を通して確かな書く力を養うことで、子どもを自己表現主体として育てるところに実践的活路を見いだした点が、友納の綴方教授論の特色である。

（1）友納友次郎『綴方教授法の原理及實際』目黒書店、一九一八年、一〇―一一頁。
（2）同右書、一七九―一八二頁。
（3）友納友次郎『私の綴方教授』目黒書店、一九二一年、一五七頁。
（4）友納友次郎『綴方教授の思潮と批判』目黒書店、一九一九年、三〇頁。
（5）友納、一九二一年、一五七―一五八頁。

【友納友次郎の綴方教授に関する代表的な先行研究】

・中内敏夫『生活綴方成立史研究』明治図書出版、一九七〇年。
・滑川道夫『日本作文綴方教育史2 大正篇』国土社、一九七八年。
・前田眞證『ドイツ作文教育受容史の研究―シュミーダー説の摂取と活用』溪水社、二〇一一年。
・森本和寿「友納友次郎の綴方教授論における『描写』と『自己信頼』」『関西教育学会研究紀要』第一七号、二〇一七年、一―一六頁。

3 神戸伊三郎の理科学習論

学びの端緒は子どもの科学心の萌芽にある

大正期を代表する理科授業改善の実質的リーダー

一九六〇年代に誕生した「仮説実験授業」の理論と実践を牽引した板倉聖宜は、日本の理科教育史に名を遺す重要人物の一人に、奈良女子高等師範学校附属小学校（以下、奈良女高師附小）で訓導を務めた神戸伊三郎（一八八四―一九六三）を挙げている。板倉によれば、神戸とは「疑いなく国定『小学理科書』時代の最も独創的な理科教育研

神戸伊三郎

机に向う神戸伊三郎　（大正９年）

出典：中川逢吉「神戸伊三郎の著書と講演（1）」『理科教室』国土社、1968年10月号、８８頁。

究の指導者」[1]であり、彼のいわゆる「新学習過程」論が「日本で最初の独創的な理科教育の実践的理論」というべきものだと評価する。

では、神戸のどのようなところに「最も独創的」と評されるゆえんがあるのだろうか。この点について考えるにあたっては、理科教育研究の二つの課題に目を向ける必要があるだろう。一つは、一九二二（大正一一）年に神戸が公表した「新学習過程」論には、子どもに何物かを教え授けてやろうとする教師の考えを一掃し、子どもの問いから学習問題を構成する、いわば教授理論から学習理論への転換を呼びかける問題提起があったことである。もう一つは、日本の理科教育史における低学年理科特設運動[2]の系譜において注目すべき幼年期・低学年での理科教育の重要性を、実践や著作などを通して発信し続けた点である。本章では、神戸がいかなるいきさつから幼年期・低学年理科の重要性を強調するようになったのか、教授理論ではなく学習理論の提唱に強い問題意識を持っていたのはなぜか、これらについて検討することを課題として、彼の「独創性」の内実を明らかにしていこう。

「子どもは子どもながらに眞である」——子どもの独自生長性への確かなる信頼の背景

人は物を考えずにはいられない動物である。「物に接してその眞を知ろうとする欲求」としての「科学心」[3]の萌芽は、特に指導されなくても子どもが「なぜ？ どうして？」と疑問を出してくる姿に象徴的にあらわれると神戸はいう。それゆえ、理科授業改善の推進に際して強い危惧を示したのが、子どもを「どこまでも未成不完全者」と見なす教師の見方であった。こうした子ども観に立つ教師は畢竟（ひっきょう）、子どもの科学心の萌芽の存在やその「独自生長性」を承認することなどできない。子どもは決して未成不完全ではなく、「子どもながらに眞」であると捉える彼の考え方はどのように形成されてきたのだろうか。

一八八四（明治一七）年、栃木県下都賀郡絹村で、父・善吉、母・コウの間に生まれた神戸は、広島県高等師範学校本科博物学部を卒業後、佐賀県師範学校に赴任し、博物科の教諭となった。赴任当時、師範学校博物教室には器械や標本が少なく、既設品整理も十分ではなかったため、着任早々その整理と拡充に精力的に取り組み、彼自身の教材研究の基盤をつくった。肝心の博物学の授業はといえば、毎時丁寧に内容が準備され、得意とする描画の才を発揮した板書も交えながら、明解かつユーモアのある説明に生徒たちが熱心に聞き入るというもっぱらの評判であった。「百聞は一見にしかず」を口癖のように生徒に言い聞かせ、実物・実際の現象に関わって研究する方針を自身にも生徒にも求める徹底ぶりであった。時には生徒と丸一日を費やして植物・昆虫採集に出向くなど、直接体験や生徒個々の関心に基づく研究に対して時間や手間を惜しまない指導者としての姿勢が卒業生らの語り草になっており、情熱と自身の使命を持って教育に携わっていたことが窺える。

その後、一九一八（大正七）年、三四歳で奈良女子高等師範学校附属高等女学校教諭兼附属小学校訓導となり、まもなくして女高師教授も務めた。神戸が奈良女高師附小に異動して半年後に木下竹次が着任し、それ以降は「奈良の学習法」を理念とした教育実践の模索と創造に神戸自身も力を注いだ。子どもが先天的に具有する科学心の萌芽を育てる学習は教授細目や理科書といった固定的な題材配列に拘泥する旧来の理科教授では実現されない。指導方法の次元でいくら工夫したとて、先述した根強い教師の子ども観、指導観が変わらなければ、本質的な解決には至らないという見通しがあったのだろう。

とはいえ、当の神戸自身も実は、子どもの事実を目の当たりにして子どもの生来の科学心の萌芽に魅せられ、覚醒した一人であった。これについて彼は娘との暮らしにまつわる興味深いエピソードを紹介している。(4)彼が七歳の娘と風呂に入っているときのことである。娘が「お父さん！　風呂の湯は強いのね」と、いかにも不思議でたまらないという面持ちでたずねてきた。あまりに突然であったため、神戸は「なぜ？」とただ問い返す他なかった。すると、「だって風呂の湯は私の体を浮かすんだもの。それ、こうすれば楽に体があがるんだもの。お父さん、なぜでしょう？　私はいつもそう思うのよ」と言って、風呂桶の縁に両腕を突っ張って、楽々と自分の体を浮かし揚げて見せたのである。神戸は娘のこの問いについて非常に考えさせられたという。というのも、すでに娘は「すべての物体は液体中においてその物体と等体積の液体の重さだけ軽くなる」というアルキメデスの原理に触れていたからである。あまりの唐突な娘からの問いかけに対し、彼は不用意に「ああ、水は物を浮かす力があるのですよ」と簡単に答えてしまった。しかし、もちろん娘は父のこの答えに満足などするはずもない。「だって、風呂の湯は生きているものではないでしょう。死んでいるものに力があるって不思議じゃないの?」と、娘はさらに追及した。彼は答えに窮し、「それは大変に難しいことです。いまに大きくなればわかることですよ」と、なんとも不甲斐ない回答をするのがやっとであったという。

このエピソードを通して、神戸は自身の教育観が一大転換をしたとふり返る。子どもが日常的に触れている環境からこうした「尊き疑問」を常に捉えて生きているにもかかわらず、子どもの傍らにいる親や教師、周囲の大人が子どもの科学心の萌芽を発見できず看過している。こうした現実が彼には見えていたからであろうか。彼の著作リストをみると、理科教育に精通する読者層ばかりでなく、広く国民に対して科学教育の機会を提供しようとする彼の関心と情熱に支えられて多数の著作が手掛けられていることがわかる。

また、神戸は、奈良女高師附小に勤める傍ら、彼から理科の個別指導を受けるため、母・富本一枝氏に連れられて来ていた富本陽子（当時七歳）との私塾での出来事を記録し、一九二一年に『母の指導する子供の理科』を出版している。低学年理科不在の時代において、「子どもの自然研究の萌芽」に関わる実践的研究を通して、当時尋常五年以降でしか実施されていなかった学校での理科教育の実質的な拡充には、幼学年からの理科学習が必須の条件であることを彼は確信していったのである。

理化学教育振興の旗手と期待された「児童実験」をめぐる現場の混乱

神戸の問題意識は幼年期・低学年における理科学習に向けられるばかりではなかった。第一次世界大戦後、科学の偉大なる力を目の当たりにした日本では、戦後景気の中で独創性の育成に対する期待が高まり、なかでも中等教育においては理化学教育振興という重大な国家的政策が展開されていた。一九一八（大正七）年、「師範学校中学校物理及化学生徒実験要目」が公布されたことを受け、「生徒実験」導入に向けた準備が多額の費用をかけて全国的に急ピッチで進められた。上級学校でのこうした動きを受け、小学校でも「児童実験」は当時の理科授業改善のスローガンとして注目された。旧来の理科教授における実験がただ教師の手によって行われ、子どもは単に目と耳を働かせるのみで、事物や現象に対する正確な理解はおろか独創性育成には程遠いと捉えられており、児童実験にまつわる先駆的実践から学ぶ授業研究会も各地で行われるなど、現場の関心は高まっていた。

ところが、児童実験はその関心の度合いに比例するような成果は見られなかった。農村部では設備不備も障壁となってはいたものの、都市部では立派な設備がありながらもそれらを運用する教師の指導力不足が決定的な要因として問題視された。形ばかりの児童実験に終始した「よそいき」の研究授業に神戸も批判の目を向けている。

たしかに、子どもの後についていくのは容易なことではなく、ややもすると子どもの先頭に立って引っ張りたくなるのが教師の性ではあるが、「子供の仕事を指図し、命令を下し、あるいは、知らないところを教えてやることは誰にでもできる」ことであり、教師が子どもの「研究の仲間に入ってやること」が理科授業改善に不可欠であるとして、大前提としての教師の姿勢の問い直しを迫るとともに、子どもの「疑問を問題にしていく」指導の内実を具体化することに神戸の関心は向けられていった。[5] そうして生まれたのが、「疑問（問題の構成）、仮定（結論の予想）、計画（解決の工夫）、遂行（観察・実験・考察・解決）、批判（検証・発表・討議）」の五段階から成る「新学習過程」論である。子どもが自然の事物・現象に触れて光らせる「驚異の目」を、「科学心」の萌芽と捉え、生まれた疑問を学習問題として定位する。「新学習過程」論の提唱は当時「失敗」と評された児童実験をはじめ、学習者不在の旧来の指導法に対する批判的検討の中から生まれたのであった。

学習内容と子どもをつなぐ単元づくりと教材選定

では、新学習過程論に基づく理科の授業は具体的にどのように展開されたのだろうか。尋常六年の単元「音」に関する神戸の実践[6]を手がかりに見てみよう。まず、当時の一般的な本単元の取り扱いといえば、前時や一週間前あたりに「この次は音に関する学習をしましょう」と大題目を提示し、具体的には「一、物体がどうなれば音が鳴るか［音の起り・音の源］」「二、音の強弱は何に関係するか［音の強弱・大小］」「三、音の高低は何によるか「音の高低」」「四、音はどうして聞こえるか〔音の伝達・反響〕」「五、音の共鳴〔各楽器についての吟味〕」といった内容を小題目として設定し、第一次で音の源、つまり音はどのようにして発生しているのかを児童実験を織り交ぜて進めるやり方であった。

しかし、神戸はここに違和感があるという。音がどうして鳴るかというのは実はとても高尚な問題であり、学びはじめる前の子どもからこうした問いが出るのは不思議でならない。右記のような抽象度の高い題目は教師の指導題目であって子どもの学習題目ではない。したがって、神戸は「楽器の研究」として子どもに提示し、手近にある楽器なら何でもよいと、子どもの自由に委ねてまずは楽器に関わるさまざまな研究（独自学習）へといざなう。家に楽器が何もないという子どもも中にはいる。ただし、この時点で神戸は学校にある楽器を貸し出したりはしない。乳児のおもちゃ、仏壇の鐘、自転車の鈴、あるいはお茶碗や徳利でも音のするものならば何でもよいと勧める。すると、「音を出すだけでは楽器にはならないと思います」と理屈を言う子どもも出てくるが、そういう子どもがいるから学習はおもしろくなると言う。そこで、彼はお手製の「卓上ピアノ（サイダー瓶やビール瓶、各種のコップに水を入れて調節し、音階順に並べたもの）」を用意し、君が代を演奏して子どもに見せたところ、感心して拍手喝采となる。こうして、出来合いの楽器を取り上げるだけが研究なのではなく、自分で試行錯誤して組み立て、複数の楽器を比較しながら研究することも推奨した。ここから子どもたちの独自学習が始まる。時間割上、独自学習にあてたのは一時間だが、実際には家庭でも多くの時間をかけて取り組んでいる。

おおよそどの子どもの独自学習帳にも楽器研究がまとめられたところで、相互学習の第一時を実施した。本時、最初に取り上げた独自学習はT児がまとめた「シロホン（木琴）」研究である。内容としては、「発音体が木片であること」、「木片が木槌にたたかれて振動するために音が鳴ること」、「音の高低は木片の長短によるとして、木片の厚さと幅、長さを計測」し、「シロホンの木片を割った断面図」が添えられていた。T児の発表が一通り済むと、次のようなやりとりが行われた。

A「［中略］君は木片が振動するといったが、音を発する時に木片の振動することがどうしてわかったのです。」

T「見ていればわかります。木片がぶるぶる振います。」

A「何か木片が振うことを実験で示すことは出来ませんか。」

T「見ただけでもよいが、手で軽くさわって見るとよくわかります。」

子供はここまで来て、皆顔を見合せて黙ってしまっています。もうすこし待てば、子供の中に所謂（いわゆる）物体の振動を示す実験法を案出するものもあったかも知れないが、私はここで口を挿しはさみました。

「目で見ることと触って見ることとは立派な実験ではあるが、もっとよい方法があるのです。」

私はこういって側に置いてあった音叉を取り上げました。そして槌で打って二三回軽く鳴らしました。

「どうですか。鳴る時に音叉は振動しましたか——これは音叉というものです——どうです。振動するのが見えますか。」

一同「見えません。」

「これを見る工夫があるのです。」

B「指で触って見ます。」

C「指で触るより、唇に触って見た方がよくわかります。」

このC生は独自学習の時に実際音叉を扱って唇に触れて見ていました。〔中略〕

「それも宜しい。外（ほか）に思いつきはありませんか。」

D「音叉やシロホンでは出来ませんが、太鼓ならよい方法があります。太鼓を上向に置いて、皮の上に砂をのせ、太鼓をたたくと砂が踊ります。」

E「砂の代りに鉛筆や紙片をのせても同様です。」

「いろいろ妙案が出て来たぞ。そうして実験で示すことが大切です。‥‥それは、まだ色々の実験法があるのです。」〔後略〕

こうして神戸は、独自学習を通して生まれた子どもの問いをもとに相互学習で話し合いを重ね、新学習過程の「疑問―仮定―計画」を子どもたちと丁寧につくっていった。ここに時間をかけるのは、子どもが一つの教材に出会ったときにいかにしてその教材の中に入っていくか、その内容に関する研究の萌芽が一人ひとりの内に生まれるか否かを重視しているからに他ならない。唐突に教師から提示された抽象度の高い「音」にまつわる問いは子どもの学習を起動させない。「楽器」という具体的な対象に一人ひとりが働きかけて生まれた気づきや疑問を子どもの言葉で表現していく。すると、「楽器」の研究は物体の振動や空気の共鳴、音の高低や強弱を生み出す仕組みはもちろん人間の耳の構造や作用、固体の音伝導、鳥類や昆虫の発声器、さらには蓄音機にまで連鎖的に発展していく。自律的・協同的学習は子どもの固有の研究が保障されてこそ目的を達成するのである。

神戸が国定小学理科書時代の最も独創的な理科教育研究の指導者と称されるゆえんを探ってきた。子どもの生来の科学心の萌芽が有する「独自生長性」に強い信頼を寄せ、それゆえ教師には高い専門性と卓越性が求められる。日常的な子どもの問いが起点となった幼年期からの科学遊びや自然研究の経験の積み重ねは、児童実験をはじめとする学校教育での理科学習の質を左右する。教師自身の観の問い直しをも迫る学習理論を国定理科書時代にあって提起した彼の問題意識は時代を超えて今なお色褪せない説得力を有している。

（1）板倉聖宣『増補・日本理科教育史』仮説社、二〇〇九年、三二三頁。

（2）一八八一（明治一四）年から一九四〇（昭和一五）年までの約六〇年間にわたって、法令上、小学校低学年に理科が配置されていなかった。明治期後半から昭和初期にかけて低学年理科に関する授業の実践的研究が全国規模で展開された。山田真子・磯﨑哲夫「奈良女子高等師範学校附属小学校の低学年における理科に関わる学習の特色」『科学教育研究』第三九巻三号、二〇一五年、二六四―二七七頁。

（3）神戸伊三郎『理科学習原論』東洋図書、一九二六年、一六六頁。

（4）神戸伊三郎『幼学年理科教育の実際』目黒書店、一九三四年、一三―一五頁。

（5）神戸伊三郎『母の指導する子供の理科』目黒書店、一九二一年、一五頁。

（6）神戸伊三郎「理科の独自学習の実例―子供の理科帳より―」『学習研究』第三六号、一九二五年、一五七―一六五頁。同「自然的連鎖的発展の理科の相互学習」『学習研究』第四三号、一九二五年、一七四―一九六頁。

【神戸伊三郎に関する代表的な先行研究】

・中川逢吉「神戸伊三郎について（一）（二）」「神戸伊三郎の著書と講演（一）～（三）」『理科教室』国土社、一九六八年、一月号、二月号、一〇月号、一一月号、一二月号。

・山田真子（二〇一七）「小学校低学年における理科の授業に関する歴史的研究―大正期から昭和初期を中心にして―」広島大学大学院、学位論文、二〇一七年。

4 小倉金之助と科学的精神の涵養

科学・数学の大衆化

数学教育史研究のパイオニア

小倉金之助（一八八五—一九六二）は、数学者・物理学者の立場から科学・数学史研究、数学教育史研究を確立した人物の一人である。その過程で、二〇世紀初頭に勃興した数学教育の改革運動である「数学教育改造運動」を取り入れた数学教育を提唱した。小倉は、学校教育現場での実践経験はないものの、小・中学校の教師を対象に、数学教育史や諸外国の数学教育の動向、また、統計といった応用数学についで講演や著作を通じて伝えていった。同時に、人々が科学や数学の方法や考え方を身

小倉金之助

出典：東京理科大学校友会 理窓会ホームページ。

につける、科学や数学の「大衆化」を推進した。小倉は、この大衆化を通じて、人々の「科学的精神」を涵養することで日本における「ヒューマニズム」の実現を求めた。

数学の大衆化

数学の大衆化とは何を意味するのか。その具体を示した、『家計の数学』（岩波書店、一九三八年）では、「わが国民大衆の間に、何とかして、科学の精神——少くとも数学的な見方、考え方、取扱い方——を、広く行きわたらせ、しみ込ませたい」[1]とつづられている。学問が生活と切り離されていた二〇世紀の社会で、小倉は、学問を生業としない人々もその成果を使って、日々の生活をよりよくすることをめざした。

そこで、小倉は、『家計の数学』で、日常生活に最も縁の深い家計の事柄から、収入と生計費、利殖、生命保険という三つの題材を取り上げ、数学的な知識を補いながら説明し、人々が数学的な考え方を身につけることをめざした。小学校卒業程度の知識があれば、「消費の数学」から比例（函数）や統計、級数の考え方を導けること、すなわち、生活の中に数学があることを具体的に示した。

ここでは、農業従事者の収入と支出に着目する。小倉は、統計局の家計調査報告をもとに農業従事者の収支を表（資料1）としてまとめ、それをグラフ化した。農業従事者の世帯のうち、月収一〇〇円以下の世帯では、支出が総収入を超えており、生計が成り立って

資料1　農業者の収入と支出の一部（大正15年）

収入源	収入			支出	農業収入＋勤労収入－支出	実収入－支出
	総額	農業純収入	勤労収入			
60円未満	47.1	29.07	6.49	59.79	-24.23	-12.69
80　〃	70.21	44.89	8.94	75.81	-21.98	-5.6
100 〃	89.48	56.68	11.46	93.05	-24.91	-3.57

出典：小倉金之助『家計の数学』岩波書店、1938年、87頁。表は一部改変した。

いないことを説明している。これにより、特に小作農の窮乏を数値から示し、その改善を訴えている。このように、小倉は、身の回りの生活や、社会を読み解く手段としての数学の扱い方を示している。

小倉は、『家計の数学』といった著作の中で、身近な生活を数学的に読み解き、科学的に考えるという「科学的精神」を示した。小倉は、「過去の科学的遺産を謙虚に学びながら、しかも絶えずこれを検討して、より新たなる、より精緻なる事実を発見し、より確実なる理論を創造する精神」と「科学的精神」を定義し、学習者自らが科学を生み出すようになることをめざした。同書は難しすぎるという評を受けたものの、小倉は人々が有用な数学を学び、科学的精神を身につけることをめざしたのである。

二〇世紀前半の数学教育

小倉はなぜ、こうした「数学の大衆化」の実現をめざしたのか。その背景として第一に、小倉が大学で数学を専門としない学生を指導した際、学習者が必要とする数学の知識を再検討した点がある。第二に、小倉が問題視した二〇世紀前半の中等学校における数学教育への批判があった。第三に、一九三〇年代以降小倉が注力した数学教育史研究の成果とファシズムへの抵抗があった。

①医学生への数学の指導

小倉が数学教育に関心を持った契機として、一九一七（大正六）年に、財団法人塩見理化学研究所（後に大阪大学に吸収される）から研究員として招聘され、同時に、府立大阪医科大学（後の大阪大学医学部）の教授とし、予科の講義を持った経験がある。[2]

一九一〇（明治四三）年以降、小倉は東京物理学校で理学部の学生や中等学校の教員など、数学自体を学ぶ相手に教鞭をとった。他方、大阪医科大学の学生は、教養としての数学を求めていた。そのため、医学生への数学の指導では、従来の指導方法で学習者の学びが深まらないことを小倉は自覚し、教授方法の工夫に関心を持つようになった。

そこで、小倉は河上肇（かわかみはじめ）の『貧乏物語』に示されていた統計やグラフを教材とし、学生にも実際にグラフをかかせたところ、学生は意欲を示し、学習効果を上げたという経験を得た（資料2）。これにより小倉は、統計や社会科学にも関心を持った。同様に、一九二二（大正一一）年に、大阪の産業能率協会での統計の講義でも、人々が生活で必要とする数学にも関心を広げた。これらの経験から、小倉は統計学に関心を持ち、『統計的研究法』（積善館、一九二五年）を書くなど、実用数学について研究を深め、数学と現実生活のつながりを実感するようになった。

②数学教育への批判

小倉が数学教育論を初めて体系的に論じた『数学教育の根本問題』（イデア書院、一九二四年）から二〇世紀初頭の数学教育が内包していた課題を確認しよう。小倉が当時の数学科の特徴を「論理的であり、専門的孤立主義であり、非実用的である上に、難問題が頗（すこぶ）る多い」(3)と断じた。小倉が批判した二〇世紀初頭の日本の数学教育は、イギリスの中等教育を受けた菊池大麓（きくちだいろく）（一八五五―一九一七）と、ドイツの高等教育を受けた藤澤利喜太郎（ふじさわりきたろう）（一八六一―一九三三）によって確立された。菊池は、イギリス流の数学教育を中等教育に導入し、それが普及していた。他方、藤澤はドイツの大学で数学研究を行い、ドイツ式の数学研究を日本の大学に確立することに尽力した。

この両名の影響のもとで、一九〇二（明治三五）年には中等学校の教授要目が編纂され、数学科でも指導法と内容が確立されていった。教授要目には「一　数学ヲ授クルニハ常ニ正確ナル言語ヲ用イテ法則命題等ノ宣言証明ヲナシ正確ニ理会（ママ）セシメンコトヲカムヘシ」(4)

資料２　児童の体重増加率の一部

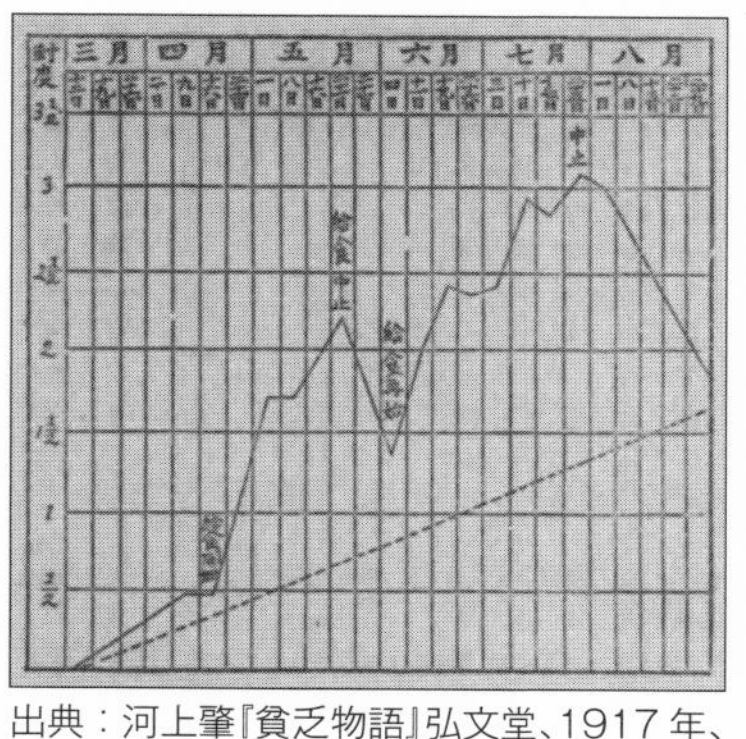

出典：河上肇『貧乏物語』弘文堂、1917年、84頁。

資料3　『初等代数学教科書　上』における連立方程式の場面

第七編　聯立一次方程式

99. 二ツノ未知數xトyトヲ含ム方程式例ヘバ

$$3x-7y=8 \cdots\cdots\cdots\cdots (1)$$

ヲ考フルニ，一方ノ未知數ニ任意ノ値ヲ與ヘ，斯クシテ得タル方程式ヲ解キテ他ノ未知數ノ値ヲ索ムルヿヲ得ベキガ故ニ此方程式ヲ滿足スルxトyトノ値ハ幾通リモアリ，例ヘバ$y=1$トスレバ$3x=15$故ニ$x=5$，又$y=2$トスレバ$3x=22$故ニ$x=7\frac{1}{3}$，$y=-1$トスレバ$3x=1$故ニ$x=\frac{1}{3}$

別ニ　$$2x+5y=44 \cdots\cdots\cdots\cdots (2)$$

ナル方程式アリトセンニ，此方程式ヲ滿足スルxトyトノ値モ又幾通リモアリ

然ルニ今若シ上ノ二ツノ方程式ヲ同時ニ滿足スルxトyトノ値ヲ索メントスルトキハ，次ニ示スガ如ク，xノ唯一ツノ値トyノ唯一ツノ値トヲ得ベシ

(1)ニ5ヲ掛ケテ　$15x-35y=40$

(2)ニ7ヲ掛ケテ　$14x+35y=308$

加ヘテ　$15x-35y+14x+35y=40+308$

即　$29x=348,\ x=12$

出典：藤澤利喜太郎『初等代数学教科書　上』大日本図書、1898年、174頁。

と記されたように、生徒に厳密かつ正確に数学を理解させることがめざされた。

具体的にどのような厳密性を求めたか、藤澤による教科書『初等代数学教科書　上』（大日本図書、一八九八年）から確認する。連立方程式が初めて指導される場面を見ると、「二ツノ未知数xトyトヲ含ム方程式例エバ、3x+7y=8ヲ考ウルニ…」とされ、既習の二元一次方程式の未知数を、もうひとつ増やすとどうなるのか、という抽象的な発想から教科書が編集された（資料3）。

また当時、図形的に解くということは「代数ヲ幾何学ノ方ニ使イマスト代数上ノ困難ヲ幾何学ノ中へ遷スコト」(5)となると考えられ、代数・幾何といった科目を別々に指導することで、論理の一貫性を保つほうがよいと藤澤は考えていた。このように、論理的な厳密性を重視した数学教育が取り入れられていた。

これに対し、小倉も「数学は抽象的形式科学」(6)（傍点は原文）なのであり、論理的形式や

抽象性も確かに重要であると考えていた。しかし、同時に数学の「奥底には大なる直観の力の横はつて居ることを忘れてはならない」[7]（傍点は原文）のであり、「論理」だけでなく「直観」も数学にとって不可欠だと小倉は考えていた。そのためには、実例から法則を見つけたり、実験などで数学が利用されている場面から、論理を発見したりする学びが重要であると考え、科目内の論理的な厳密さを重視する「孤立主義」を批判した。

また論理を過度に重視するがゆえに、出題されていた問題も「如何にも数学者が作り上げた形のもの許り列べられ、日常生活や自然科学と殆んど没交渉なもの」[8]で、非実用的である点を問題視した。たとえば、当時の教科書にあった「$(a^2-b^2+c^2-d^2)^2-(2ac-2bd)^2$」[9]を因数分解せよといった問題に対し、「数学専攻の人々に取ってさえも、殆んど役に立たぬ」[10]と小倉は批判した。

こうした批判を前提として、小倉は、「数学の教材の力を借りて精神能力そのものを陶冶せんとする」発想、すなわち「形式陶冶説」を批判した。[11]「経験の内容と離れることが出来ず、又同一要素に限って転入する」[12]と、内容に関連した学習が行われるのであり、思考力一般に転移されることはないと小倉は主張した。

小倉が、形式陶冶説を否定した背景には、二〇世紀初頭のイギリスで展開された数学教育改造運動があった。小倉は、ドイツの数学者クライン（Klein, F.）の著作を通じて同運動を知り、その後の数学史・数学教育史研究を経て、日本で数学教育を刷新する必要性を訴えた。

『数学教育の根本問題』は、多くの教師や教育学者に読まれ、支持もされた。他方で、小倉の恩師でもあり、検定教科書に関わっていた数学者林鶴一（はやしつるいち）は「数学教育は鍛錬陶冶に至大の貢献」があるのであり、アメリカの数学協会における「陶冶否認説を唱うるがごときはもってのほか」と小倉に反論している。(13) このように数学改造運動への対応が模索される中で、数学教育の目的そのものをめぐる論争が行われた。この論争は、数学教育の効果を検証する科学的な研究によって解決されるべき問題として、幕引きが図られた。(14)

③ファシズムへの抵抗

一九三〇年代に小倉が数学の大衆化に至った背景には、当時日本国内で台頭したファシズムへの抵抗があった。小倉は、知識人だけでなく、大衆が「科学的精神」を身につけることをめざし、科学や数学を大衆のものとすることで、ファシズムへの抵抗を試みた。

小倉は、「如何にして、人間の物質的並びに精神的生活を豊富にするか」という目標を掲げ、その手段として科学の大衆化を提唱した。数学の大衆化については、「ひとり数学だけを切り離して、考えてはならない」とし、科学の一分野として「人間解放のための、広範な文化問題の一環」として、「数学の大衆化」が行われるべきことを強調した。(15) その科学の大衆化の方法として小倉は、次の五種を挙げた。(16)

第一に、高度な科学を平易に解説することによる大衆化である。本来中等学校がその役割を担うべきにも関わらず、教育成果を上げていないと批判した。他方で、初等教育については、『小学算術』（いわゆる緑表紙）が利用されるようになったことを高く評価しながら、教育者や小学校の教員によって一九二〇年代以降、一定程度実現されたと評している。

第二に、科学的読み物を通じた大衆化である。知識人がこうした読み物を蔑視している点を批判しつつ、読者の発達段階や理解度に応じて興味を引くような出版物が多く出され、普及することによって科学に対する人々の興味や理解が高まると考えた。

第三に、生活を科学的に処理するための大衆化である。小倉はこの大衆化を最も重要視し、「どうすれば科学的精神をもっともよく掴み得るかといいますなら、それはまず日常生活を科学的に掘り下げること」[17]にあるとした。生活や社会を科学的・数理的に捉えることで、科学的精神を涵養することをめざした。

第四は、技術としての科学の大衆化である。すなわち、より専門的に仕事場面などにおいても、関連する科学や数学を身につける大衆化を提唱した。

第五は教養としての大衆化である。すなわち、科学の本質や構造を史的展開に沿って学び、生産技術、他の科学、社会と関連づけて科学を理解することを意味する。

上記五種の科学の大衆化を通じて、人々が科学的思考を身につけ、科学、そして数学を自ら使いこなし、権威に盲従することなく、自ら考え、生活することを願ったのである。

小倉自身は一九三九（昭和一四）年に物理学校の理事になるなど、一九三〇年代末から終戦にかけて、要職に就くことを求められるようになり、学校の存続のためにも、言論について慎重になっていった。それでも、小倉は、ファシズムを一貫して批判し続けた。

小倉が『家計の数学』として具体化した数学の大衆化を行った背景には、上記の三つの背景があった。一九一〇年代の授業での経験、数学教育に着目しはじめた一九二〇年代の問題意識、そして、一九三〇年代のファシズムへの抵抗を通じて小倉はライフワークとして、人々の科学的精神の涵養をめざした。

小倉金之助の著作および後進の研究者たち

小倉は、商人の家に嫡子として生まれ、常に家督相続の問題に悩みながらも、学問を追究した人物である。研究者として多くの逆境に直面しつつ、小倉は当時未踏の分野であった応用数学や、数学史、数学教育史へと活躍の場を広げることで、独自の立ち位置を確立していった。小倉の活躍は多岐にわたり、『小倉金之助著作集』（勁草書房、一九七四年）に代表的な著作がまとめられ、その足跡をたどることができる。

また、小倉の講演、著作は広く影響を与え、数多くの後進を輩出した。戦後も特に関わりが深かった研究者や教師が、小倉の古稀を祝して『科学史と数学教育』（大日本図書、一九五六年）に論文を寄せている。同書の執筆者の中には数学教育協議会を立ち上げた遠山啓（遠山については『時代を拓いた教師たち』日本標準、二〇〇五年、第2章1参照）や、上垣渉によって『日本数学教育史』（亀書房、二〇一〇年）において数学教育史研究の成果がまとめられた中谷太郎も含まれている。

（1）小倉金之助『家計の数学』岩波書店、一九三八年。
（2）阿部博行『小倉金之助　生涯とその時代』法政大学出版局、一九九二年、一一九頁。
（3）小倉金之助『数学教育の根本問題』（以下、『根本問題』）イデア書院、一九二四年、二九頁。
（4）『官報』第五五七五号、一九〇二年、一一五頁。
（5）藤澤利喜太郎『数学教授法』大日本図書、一八九九年、三六七頁。
（6）小倉『根本問題』、八三頁。
（7）同右書、九〇頁。
（8）同右書、一〇七頁。
（9）藤澤『初等代数学教科書　上』二一二頁。
（10）小倉『根本問題』二八頁。
（11）同右書、一二二頁。
（12）同右書、一三二頁。
（13）林鶴一「第六回総会記事　開会の辞」『中等教育数学会雑誌』中等教育数学会、第六回四—五号、一九二四年、一八〇頁。
（14）中谷太郎著、上垣渉編『日本数学教育史』亀書房、二〇一〇年、二三四頁。
（15）『小倉金之助著作集』（以下、『著作集』）第五巻、勁草書房、一九七四年、一〇三頁。

(16)『著作集』第五巻、二一四―二二七頁。

(17)『著作集』第五巻、二九六頁。

【小倉金之助に関する代表的な先行研究】

・岡部進『小倉金之助その思想』教育研究社、一九八三年。

・阿部博行『小倉金之助　生涯とその時代』法政大学出版局、一九九二年。

・佐藤英二『近代日本の数学教育』東京大学出版会、二〇〇六年。

5 岡倉由三郎と英語教育

英語を学ぶ意義と楽しさを伝える

岡倉由三郎の経歴——英語教育界での草分け的存在

岡倉由三郎（一八六八―一九三六）は、日本の英語教育の目的論を整理し、英語教授法の礎を築いた一人である。日本美術界の発展に尽力した岡倉天心の弟としても知られている。岡倉は、一八八七（明治二〇）年に帝国大学（現東京大学）に入学、博言学を学び、卒業後は、朝鮮ソウル大学の日本語学校校長をはじめ、各地の学校で教鞭をとる。一八九六年に東京高等師範学校講師、翌年に教授となって以来、約三〇年間、高等師範学校の教授として英学界で活躍する一方、自宅で「洋々塾」を開き、英文学・

岡倉由三郎

出典：茨城県天心記念五浦美術館所蔵

英語教育に携わる後進の育成にあたった。一九〇二（明治三五）年から三年間文部省留学生として英独仏に留学し、その見聞をもとに『英語教育』（博文館、一九一一年）を執筆する。

高等師範学校退職後は、立教大学教授を長く務め、その間の一九二五（大正十四）～一九三六（昭和一一）年にはＮＨＫ初となるラジオ基礎英語講座を担当したことでも有名である（初等英語講座、英文学講座）。また、発音学（音声学）についての著書や、『新英和大辞典』（研究社、一九二七年）や『英文学叢書』（全一〇〇巻、研究社、市川三喜と共に編纂、一九三二年）など、日本における英語学、英文学の発展に大きく寄与した人物である。

岡倉がめざした英語教育や具体的な教授法は、日本のその後の英語教育の礎として位置づいているといえる。では岡倉のめざした英語教育はどのようなものだったのだろうか。

英語教育として何を教えるのか

図1～3に示すのは、岡倉が記した英語教科書『The Globe Readers』（第一～三巻、大日本図書、一九〇七年）の第一巻の抜粋である。それまでの舶来本による英語教科書ではなく、日本人学習者のために作成された教科書の第一期といえ、岡倉の教科書では、以下の二点が特

図１ 英国をテーマにした題材

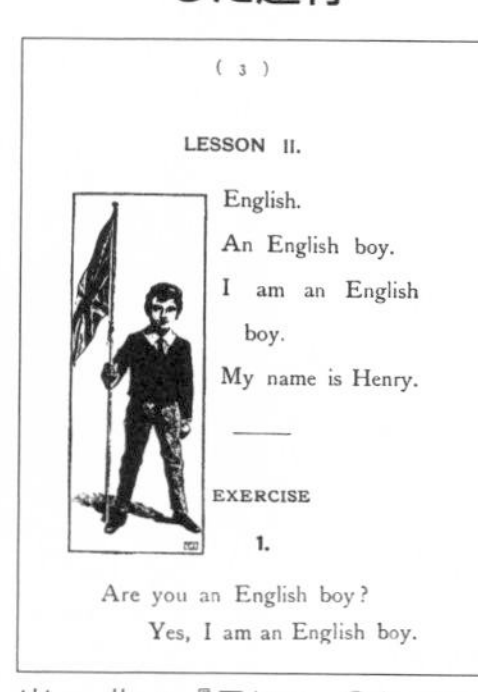
(3)

LESSON II.

English.
An English boy.
I am an English boy.
My name is Henry.

EXERCISE

1.

Are you an English boy?
Yes, I am an English boy.

出　典：『The Globe Readers』第１巻、３頁。

図2　日本を東洋の英国だと発信する内容

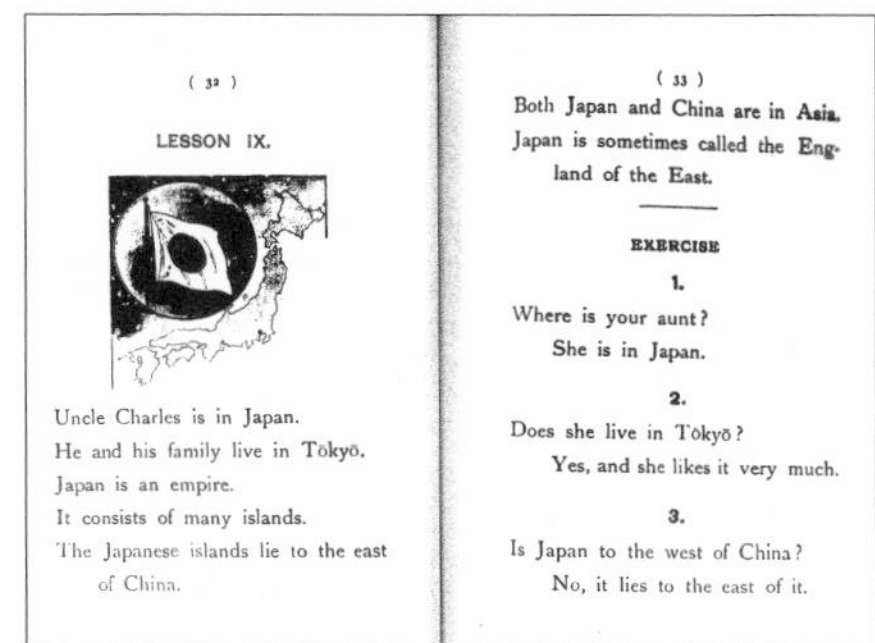

(32)

LESSON IX.

Uncle Charles is in Japan.
He and his family live in Tōkyō.
Japan is an empire.
It consists of many islands.
The Japanese islands lie to the east of China.

(33)

Both Japan and China are in Asia.
Japan is sometimes called the England of the East.

EXERCISE

1.

Where is your aunt?
She is in Japan.

2.

Does she live in Tōkyō?
Yes, and she likes it very much.

3.

Is Japan to the west of China?
No, it lies to the east of it.

出典：前掲書、32—33頁。

図3　英語の音韻に意識をむけさせる内容

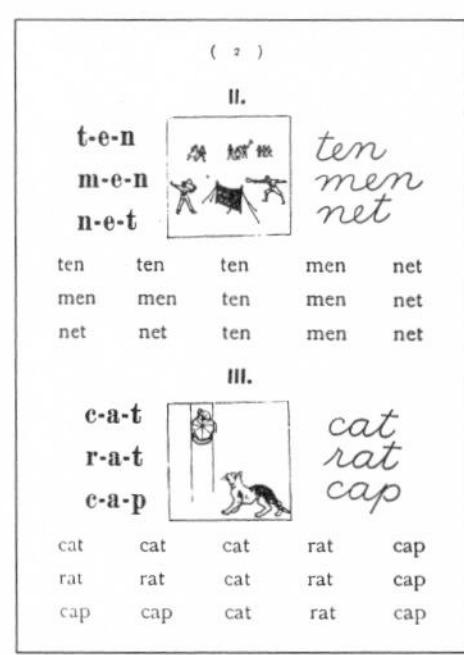

(2)

II.

t-e-n　m-e-n　n-e-t

ten　men　net

ten	ten	ten	men	net
men	men	ten	men	net
net	net	ten	men	net

III.

c-a-t　r-a-t　c-a-p

cat　rat　cap

cat	cat	cat	rat	cap
rat	rat	cat	rat	cap
cap	cap	cat	rat	cap

出典：前掲書、Introductory Lessons,2頁。

に特徴的である。

第一に、英国の生活・文化に結びついた題材が豊富に設定されている（図1）。学年が上がると内容はより高度になり、英文学を題材としたものも多くなっている。同時代の教科書と比較しても英国に対する記述は圧倒的に多い。一方で、日本についての記述も特徴的である。日本が英国に匹敵する存在となることを発信している箇所も見られる（図2）。

第二に、音声の指導や対話につながる指導が重視されている。第一巻の第一課に入る前には「導入レッスン（Introductory Lessons）」として、英語の特徴的な音韻や文字と音の関連に気づかせる内容が三六ページにわたって位置づけられている（図3）。また各課にはアクセント記号や発音記号が付してある。なお、各巻の付録には、ナーサリーライム（童謡）やなぞなぞ、詩が記され、英語の持つ音韻やリズムについて、生徒の興味関心を高める題材が掲載されている。

さらにこうした方針は、岡倉の担当したラジオ英語講座でも一貫していた。「『J の文字は象のお鼻がよく似ている』と言ったり、We Watch の w を言う時の唇の丸めは『水を飲む時の恰好』と言ったり、『l』を出すときは、歯が痛いときの恰好で声を上歯にあてるとよいなど、常に学習者の立場から容易でわかりやすい方法を実行した[1]」り、テキストに発音記号を併記し、綴り字を抵抗なく読めるようにし、物語を音読できるようにすることを目標としていた[2]。

このように、岡倉は英国の文化を題材としつつ、日本についても題材として並べて位置づけた。一方で、英語の音声面の指導に非常に重きをおいていた。では、岡倉はどのような英語教育をめざし、なぜこうした指導のあり方を提示したのだろうか。

何のために英語を教えるのか――英語教育の目的論

岡倉がその主要な著となる『英語教育』を著したのは、西欧や近代国家の文化の吸収を目的とする「英学」の時代から、日清・日露戦争を経て、日本が欧米列強と肩を並べ、いわゆる「脱亜入欧」をめざしつつあった頃である。英語教授においては、ネイティブ教師による会話中心の「正則英語」（主に商業目的の指導）と、日本人教師による講読中心の「変則英語」（主に普通教育）が区別されていた。一九一六（大正五）年ごろからは、日本の帝国としての意識の高まりにより「英語存廃論」が登場する。その過渡期にあって、岡倉はなぜ英語を教えるのかという英語教育の目的論を整理した。

英語教育を行う「教育的価値」とは何か。岡倉は、「見聞を広めて固陋（ころう）の見を打破し、外国に対する偏見を徹するとともに、自国に対する誇大の迷想を除き、人類は世界の各所に、同価の働を為し居ることを知らしむるが如きは、英語の内容、換言すれば風物の記事に依って得らるる利益で、又、言語上の材料、即（すなわち）、語句の構造、配置、文の連絡、段落等を究めて精察、帰納、分類、応用等の機能を練磨し、且つ従来得たる思想発表の形式即、母国語の外に、更に思想発表の一形式を知り得て、精神作用を敏活強大ならしむるが如き、以上は何れも英語の教育的価値である」(3)という。つまり、外国の風物に触れて自身の知見を広げることにより、文化を「相対的に」捉えられるような柔軟な思考を得ることを重視している。そして、母語とは異なる言語体系を学ぶことによって認識や思考力を練磨することであるという。

しかしながら英語に多大の時間と労力をかけるのは、むしろその「実用的価値」によるところが大きいとも述べ、「教育的価値」とともに「実用的価値」があるとする。ただし、正則英語に代表されるように「専ら会話、次には作文を英語の主要なる方面と解する様である」という考えは「正鵠を得た解釈では無い」とし(4)、会話能力の向上が第一の目的ではないとした。そして本来の目的とは「英語を媒介として種々の知識感情を摂取することである。換言すれば欧米の新鮮にして健全な思想の潮流を汲んで我国民の脳裏に濯ぎ、二者相帮けて一種の活動素を養うことである」とし[5]、「中学で学んだ既得の力を活用することに努力せしめ、其努力によって種々な方面に働き得る様にする事が則ちそれである」[6]とした。そして具体的には、最も養成していくべき力を「読書力」に焦点化した。読書とはそこに内在する思想を受け取ることであり、作文、会話と「英語各科」として別々に教授するのではなく、「読書」を中心に据えた教授を行うことを通して、ありのまま、「直読直解」していくことを主張した。

このように、岡倉の英語教育論では、西洋の代表として英国を、そして近代文化の代表として「英文学」を重視したのである。「要するに西洋と日本のパラレルを取って彼我共通の研究を進めると云うことが、大変大切だと私は思います」[7]というように、岡倉にとって英語教育は、単に英国社会に限定された教養を吸収することではなく、日本がめざす帝国のモデルとして、大英帝国という象徴的近代国家が育んだ「普遍教養」を学ぶことを意味した。日本と英国をパラレルの関係に配置、比較をすることで、近代国家としての普遍原理を帰納的に学びとることが重要であり、それが英語の会話や作文技術の「教授」を超えた、英語「教育」の目的だと考えたのである。

教授法の変革をめざして――直読直解・音声の重視

岡倉は、具体的な教授法について、とくに「変則英語」で主流であった訳読式（一語ずつ日本語に訳して解釈する方法）、返り読み式（英語の語順のまま理解せずに日本語順に並びかえて解読する方法）の教授法について批判を向けた。具体的には、「直読直解」できる「読書力」の育成をめざし、そのための音声指導を重視した。

まず岡倉は、『英語教育』において、学習者である生徒の実態に即して教授を行う必要性について述べている。従来の教育では「学ばせる物が教育の主題であって、学ぶ人其者には殆ど何等の注意も払わなかった」が、「然るに此主義が一転して、学ばせる物は第二で学ぶ人を主とすることとなってから、個人の心的状態を研究し、之に応じて教授を施し、出来るだけ個人個人の性格を円満に発達せしめるのが大切となるに連れ、教授法と云うものがだんだん重要なる題目となって来た」[8]と述べ、生徒の個々に応じた教授法が注目されてきていることを示す。しかしながら一方で、生徒の学習を容易にしようと教師が設定しすぎることによって生徒が自ら学ぶ意欲を逆に減退させてしまうことがあるとする。そのため、「教師が自ら働くばかりで無く、生徒をして盛に活動せしめる道を講究すべきである」[9]と述べる。岡倉の教授法の根底には「いかに教えるか」よりも、生徒が「いかに学ぶか」という視点が重視され、最終的には「自学自修」がめざされていたのである。

そしてそのためには、英語教授においてもまず目的意識を持たせることが何よりも重要であると述べる。「彼我思想交通の唯一機関たる外国語を知らぬは、豊富なる倉庫を控えて、之を開くべき鍵を有せざると一般である。極言すれば、今日の活社会に立って中流、又はそれ以上の社会に活動する資格に欠けて居る」[10]という観念を学生の脳裏に銘記させるのが第一の要件であるという。

その上で、英語教授の中心として「読書力」の養成をめざす。岡倉の読書力で特徴的なのは、正確さだけでなくある程度まで敏速に読むことを求めた点である。読書力は「英語を所謂直読直解するに依りて、始めて達せられる」のであり、「此の直読直解に達せんには、先づ其発音が正確で、其国語本来の面目を鮮明に発揮したもので無ければならぬ」ず、また「目にての了解の敏速は、根本的なる耳にての了解の敏速に基くので、従って発音の正確の必要なるも極めて明瞭なる次第である」[11]とする。このように、岡倉の求める「読書力」は、文字を的確に音声に置き換える手続き（読方）と、その意味を理解する手続き（解釈）の二つが併存しており、その前提として正確な英語発音の習得や聴方の訓練が位置づけられている。

岡倉のこうした考え方を象徴しているのが、英語教授の入門期の「予備的練習」などの発音指導の強調と、「帰納的教授」という考え方である。

まず、発音指導について、「簡易なる単語、又は文句を材料とし、英語発音中の特に必要なる部分を取り、様々に練習を積ましめ、発音機関の運用に熟せしむべき」[12]とし、読本を用いずにまず発音の練習に当てるべきだと説く。こうした考え方は冒頭に示した教科書の発音指導や、後に出版される『英語發音練習カード』（研究社、一九二二年）にも一貫している。

会話や作文の指導でも同様である。たとえば読本において、「It is a dog. という文を教えるとすれば、まず口と耳のこととして何度もその全文の意味を言い聞かせ、十分理解した後に、教師とともに学生に発音させる。そのあとに、個々の学生に発音させ、反復練習して運用が自在にできるようになってはじめて、その発音の分解を試み、文字について読み方を行い、単語の綴り字の個々の意味、名詞・動詞の配列のことなどを説明し、問答する。綴りについても、一見すると煩雑で互いに関係のないもののように思われるが、規則的なものが存在するとし、まず規則的なものを先に教え、それらが一通り習熟したあとに不規則的なものや例外を指導すべきであることを示している。また、学習が進んだ段階では、寒暖の挨拶、飲食、起居動作など型にはまった文句を覚えさせる指導が多いが、日々学習する読本の既習事項をもとにしたり、自分の力で発表することができる身近な題目を選んで応答させるなどの方法を勧めている。作文においても、生徒に綴るべきことをまず口頭で発表させ、できない部分は教師が補うなり修正を行い、そうして得た結果を書かせる方法を勧めている。「和文を英訳せよ」ではなく「和文で述べられている心を英語にて述べよ」と命じるのがよいとする。

また、こうした記述からは、岡倉が音声指導を重視しただけではなく、言語を通した「心」・伝えたい内容のやりとりをまず重視し、そこから言語形式の教授につなげていくことを意識していたことが見えてくる。単語の指導においても、「単語相互の間に意味上の連絡を有せしめて、有意的に記憶せしむべき」[13]とし、絵辞書を用いて口頭で英語を話した後に文字を示したり、草といえば生える、花といえば開くといった意味の繋がり、語の由来や同意語を示すといった指導の手順が示されている。

このように、岡倉がとくに意識したのは、学習者である生徒に学ぶ目的意識を持たせ、かつ生徒の生活文化や既有知識と結びつけて教授すること、そして生徒に英語を用いて発信させることである。また学習者自身が言語形式についての規則などを発見しながら学習する手順を踏む「帰納的教授」を重視し、具体的な教授法の根底に位置づけた[14]。

岡倉の示した英語教育論は、日本で大正後期から昭和に「直接教授法」(Direct Method)として導入される教授法のさきがけともなったと評価される。けれども、新しい教授法の提示だけでなく、その根底に、学習者主体の指導のあり方や、言語の形式だけではなくその意味内容を重視し、やがては近代国家としての日本の文化を価値づけ、発信できる人材を育てるという目的が貫かれていたことに意義がある。英語「教授」論を超えた、一貫した英語「教育」論を提示していたことが、岡倉の英語教育論の重要な提起であったといえよう。

（1）島岡丘「岡倉由三郎先生（最終回）ラヂオ放送初等英語講話」『ＥＬＥＣ通信』、二〇一七年七月三日。https://www.elec.or.jp/teacher/communication/essay/yoshisaburo_5.html（二〇二三年二月一日最終閲覧）

（2）島岡丘「岡倉由三郎先生　音声学と英語教育に道を開いた明治の草分け（3）英文読解の楽しみと音読の楽しみ」『ＥＬＥＣ通信』二〇一七年四月二八日。https://www.elec.or.jp/teacher/communication/essay/yoshisaburo_3.html（二〇二三年二月一日最終閲覧）

（3）岡倉由三郎『英語教育』博文館、一九一一年、三九頁。

（4）同右書、三七頁。

（5）同右書、四〇頁。

（6）同右書、三八頁。

（7）岡倉由三郎「あちらの感想」『日本シェイクスピア協會會報』第三号、一九三三年、四七―四八頁。

（8）岡倉、一九一一年、二一―二三頁。

（9）同右書、二七頁。

（10）同右書、三三頁。

（11）同右書、六一―六六頁。

(12) 同右書、五〇―五一頁。
(13) 同右書、一三四頁。
(14) なお、こうした岡倉の考え方には、当時、ヘルバルト教育学をとりわけ言語教育の分野で日本に導入したハウスクネヒトによる「予備」「授示」「探究（連結・綜織）」「概括」「応用」という旧知識と結びつけて新知識を教授する「帰納的教授法」が影響を与えていたと考えられる（内丸公平「岡倉由三郎の英文学研究とその『教育的』背景」『桐朋学園大学紀要』第三九巻、二〇一三年、六五―八五頁）。

【岡倉由三郎の目的論に関する代表的な先行研究】

・中村捷『名著に学ぶこれからの英語教育と教授法　外山正一／岡倉由三郎／O・イエスペルセン／H・スウィート』開拓社、二〇一六年。
・山口誠『英語講座の誕生―メディアと教養が出会う近代日本』講談社、二〇〇一年。
・渋谷輝生「岡倉由三郎の英語教育論に関する一考察――「読書力」の養成に注目して――」『教育方法の探究』第二二巻、京都大学大学院教育方法学研究室、二〇一九年。
・内丸公平「岡倉由三郎の英文学研究とその「教育的」背景」『桐朋学園大学研究紀要』第三九巻、二〇一三年。

第2章

学校の創造

就学率が向上し、学校という学びの場が社会に定着していく中で、当時の学校に強い問題意識を持った教育者たちは、オルタナティブな学校づくりを進めた。教育と生活の関係を問い、大人と子どもが共に学ぶ場を成立させようとした。

その一方、質の高い教育を受ける場から排除されてきた、障害がある人達、女性、不良少年たちのための学びの場の開設も進められた。教育の質の向上と対象の拡大の双方でユニークな展開が見られた。

こうした取り組みを支えたのが、教育者同士の研究・交流であった。直接会って行われる場合もあれば、遠く離れた者同士が、教育雑誌を通じて知り合い議論することもあった。

本章を通じて、新しい教育と生活の場の創造の原動力になったものは何か考えてみよう。

1　及川平治と分団式動的教育法

すべての子らのために

教育における個性尊重

今日の教育は余りに子供を忘れて居る。今日の時間割を見よ覚えた者があっても、覚えないものがあっても終業の時間が来れば室外に出して仕舞う。それは子供の要求から来たのであるか、もう少し考え直したらよかろう。［中略］もう少し子供の個性を重んじ子供を尊んだことをしなければなりませぬ。何故に個性を重んずるかというに自分の長所に依って国家社会に尽す外はありませぬし、又自己生存の上にも個性を活用する働きを要するのであります。而（しこう）

及川平治

出典：三先生言行録刊行会編『三人の先生』1955年。

して個性価値は代用不可能であって他の何物とも代えることは出来ませぬ。米が高いといえば麦を食べても済みますが人間の個性の代用は出来ませぬ。今日の教育は個性ということの価値を軽く見て居る。

この言葉は、今からおよそ一〇〇年ほど前の日本で発せられたものである。昨今、「令和の日本型学校教育」の中で「個別最適な学び」と称する学びの姿が打ち出されているのは周知のとおりである。しかし、一〇〇年も前のこの言葉に込められた個性尊重の教育観は、今なお通用する、いや、今まさに求められているものといえるのではないか。

言葉の主は及川平治（おいかわへいじ）（一八七五―一九三九）。明石女子師範学校の教諭にして、同附属小学校（以下、明石附小）の主事を務めた人物である。冒頭の文章は、彼が一九二一（大正一〇）年に、「八大教育主張」の中で述べた言葉の一端である。[1] 個に応じた教育が求められる現在の状況を念頭に置きつつ、その源流たる及川の教育論に触れてみよう。

動的教育の実践を求めて

①実践風景

及川の授業実践として、尋常科五学年の児童を対象に行われた「実験」を紹介しよう。この授業の題材は「唾壺（だこ）」である。唾壺をどう扱うとするか、学校ではどう扱われているかということがこの授業のテーマとなっていた。及川は、唾壺の機能を児童らに考えさせた後、「是に甲乙二個の唾壺あり、之を研究せよ」と投げかけた。以降児童らは、唾壺の大きさを計測したり、倒してみたり、実際に唾を吐いてみたりと、それぞれに試行錯誤を展開していく。二五分が経過した後、及川は中断して結果を報告させる。児童のひとりが、甲の唾壺について「形は醜くはないが、去りとて美しくもない」など六点にわたって報告した。この報告を受けた児童らは、立ち上がって報告に対する批評を始めた。たとえば、「金属よりも陶器でつくるがよい」という報告をめぐっては、金属は高価だが陶器は廉価である、陶器は壊れやすいという議論が起こった。結果、児童らは「多人数集まる所では金属を用い、家庭用には陶器がよい」という結論に到達したという。このようにして、唾壺の色や材質などをめぐって、多岐にわたる討論が活発に行われた。

及川は討論を切り上げるも、児童らは「嬉々たり、怡々たり毫も疲労の色なし」という様子であった。そこで及川は、「此の学校用理想的唾壺」を考案するよう求めた。児童からは、宿題にしてほしいという声や、次の時間に図画手工科を置いて粘土細工をさせてほしいという声が寄せられた。余った三分間で、及川は次に取り組む問題を決めさせた。

この事例は、及川が主著『分団式動的教育法』において「動的教育法」の要点を説明するために取り上げているものである。[2] また、事例の最後に及川は次のように付言している。

余は唾壺の職能（作用、働きのこと）に関する問題を与えたる後、約三十分間は甚だ閑散であった、小言を云う必要もなければ問答の必要もなかった、依りて椅子を劣等生の側に移して着席し、始終、彼等に暗示を与えた（括弧は引用者）

つまり、及川の仕事は、課題の提示や時間区分、そして「劣等生」へのサポートが中心であった。こうした児童中心の実践の背景には、どのような考え方があったのであろうか。

②及川の生涯

ここで及川の経歴について確認しておこう。及川は一八七五（明治八）年、宮城県栗原郡若柳村（現・栗原市）に生まれた。若くして両親を亡くした及川は、数え一五歳で若柳小学校大目分校授業雇、翌年には大目尋常小学校準訓導と、早くから小学校で勤務することになった。その後宮城県尋常師範学校に入学、九七年に同校を卒業、同年四月からは同校附属小学校の訓導となった。尋常師範学校卒という学歴にコンプレックスを抱いていたこともあり、勤務の合間を縫って教育学や語学を学んだり、一九〇三年に共著書『新教育学』を出版するなど、熱心に努力を重ねた及川は、上京後、〇五年に師範学校教育科教員免許状（教育科）を取得するに至る。

一九〇七年九月、及川は明石女子師範学校教諭・明石附小主事に就任。ここで同校の訓導らと取り組んだ教育研究活動が彼の名を全国的に広めることになった。及川は、〇九年に明石附小の教育方針を「為さしむる主義の教育、実験室制度、分団式教育」と制定し、同校を変革していく。これをもとに、及川は主著『分団式動的教育法』を一九一二（大正元）年に、『分団式各科動的教育法』を一五年にそれぞれ上梓。この頃、明石附小には全国から年間1万人に達する参観者が訪れていたという。二一年には「八大教育主張講演会」が開催された。及川は登壇者のひとりとして、「動的教育論」と題する講演を行い、反響を呼んだ。

一九二五年、及川は文部省からの命を受け、欧米諸国の教育の視察に出向く。当時は世界的にも新教育運動が盛り上がっていた時期であり、コロンビア大学ティーチャーズ・カレッジの実験校リンカーン・スクールでの「作業単元」の実践や、フランクリン・ボビット（Bobbitt, F.）らの「カリキュラム構成法」、オヴィド・ドクロリー（Decroly, O.）の教育法などが及川を魅了し、その後の彼の理論に強い影響を与えた。

一九二六（昭和元）年に帰国した及川は、カリキュラム改造の必要性を痛感し、「作業単元」をモデルに、訓導らと一丸となって、明石附小のカリキュラムの改造に取り組んでいく。その中で、児童の生活に即し、興味関心を中心とした「生活単位（単元）」のカリキュラムが開発されることとなった。三三年以降、明石附小は「生活単位」のカリキュラムによる授業を毎年公開していった。

一九三六年、及川は明石附小主事を依願退職し帰郷、仙台市教育研究所長に就任する。

翌年、明石附小にて「新教育ノ幕ヲ開カン、凡テノ人ノ為メニ」「凡テノ子等ノ為メニ、私ノ凡テヲ捨テテ」と刻まれた及川の寿像が除幕される。三九年元日逝去（享年六五歳）。寿像の銘文が示すように、生涯にわたり、及川は教育研究活動にきわめて熱心に取り組んだ。こうした及川の教育論の一端を次に概観してみよう。

分団式動的教育法の理論

①動的教育論

及川の論の基盤にある「動的教育論」は、①「静的教育を改めて動的（機能的）教育となすべきこと」、②「教育の当体（児童）に存する事実を重んずべきこと」、③「真理そのものを与うるよりも真理の探究法を授くべきこと」の三点で説明される。[3]確認していこう。

まず①については、先ほど挙げた及川の「実験」を思い出してほしい。事例に典型的に表れているように、「動的教育」は、「為すことに由って学ばしむること、為すことを通うして学ばしむる教育なること」「本能動力説に従い、児童の学習動機を惹起するを以って教育の最大職能となすこと」「吾人の生活に価値あるものを獲取し之を支配するに堪能なる人をつくること」を意味している。[4]これは、講話によって児童に知識を伝達するのみで、実用性や応用性を意識しない教育、いわゆる「静的教育」に対置されるものである。

次に②の、児童に存する事実を重視すべきとの点は、「能力不同の事実的見地」というフレーズに端的にまとめられる。及川は、児童一人ひとりの差異を軽視する画一的な一斉教授に苦言を呈している[5]。児童の能力はそもそも同じであるわけがないという事実に立脚して、学級教育のあり方を変えていこうというのが、動的教育論の第二の含意である。

最後に③、真理の探究法を教えるべきという主張に関してである。及川は、学校教育において研究法（学習法）を授けることに重点を置くべきとする。研究法とは、明確な目的を持って経済的・論理的に精緻な仕方で行う「系統的研究法」を指している[6]。この「系統的研究法」を指導し、独力で行えるようにしていくこと、すなわち「系統的研究法の訓練的見地に」立つことでもって[7]、児童らの個性を発展させることができると及川は説く。

②分団式教育

こうした「動的教育論」に立脚すれば、おのずと「分団式教育」に行き着くことになる。当時の学校で行われていた級別教育（一斉教授に該当）に対し及川は、「学校が児童に適応せずして、児童が学校に適応する点」を「根本的誤謬」として論難する[8]。ではそれぞれの児童に個別に適応した個別教育が望ましいかといえばそうではない。及川は、個別教育を行うためには労力がかかって経済的でないし、また児童の徳育を考慮すれば、他の児童との集団的・社会的関係が必要になるという[9]。つまり両者の調和が必要となる。

そこで、両者と同列に組み合わせるべきものとして「分団式教育」が導出される。及川の定義によれば、「分団式教育」は、①「児童の能力に応じて題材を統制すべきそれぞれの地位に据え」、②「児童の能力に応じてそれぞれ適当に努力せしめ」、③「児童の能力に応じてそれぞれ、適切に補導する」ことである。[10] やや乱暴なまとめ方をすれば、「能力不同」の視点に立ち、各児童が持つ能力に適した教育を行うことが、「分団式教育」である。

実践においては、「分団式教育」は固定分団式、可動分団式、学年分団式という三つの方式をとる。明石附小訓導・永良郡事の説明によれば、固定分団式とは、一定期間、能力に応じて構成されたそれぞれの分団に応じた作業を課す形式である。[11] 可動分団式とは、「教材の提供されたる其時の理会発達の完否遅速の如何に依りて、吟味の後優劣団を区分する」方式であり、教科目ごと、教材ごと、さらには授業ごとに分団は異なることになる。[12] 固定分団式とは異なり、可動分団式では各教材に対する研究能力・把捉力で区分される。このように二通りの能力観・分団構成が想定されている点が興味深い。[13] 最後に学年分団式は、学年の児童数が多い場合に導入されるもので、「先ず同一学年を能力別に依りて急進団、普通団、遅進団［中略］に区分し、（固定式）其各学級には可動分団式を適用するもの」とされる。[14] 三者のうち、及川は可動分団式を「学級教育の本体」として高く評価する。[15]

しかしながら、及川にとって重要なのはあくまでも動的教育であって、分団は外見上の形式に過ぎない。及川によれば、「真に動的教育を施し以て、各児童が自己の能力単位に活動するようになれば分団の形が外見上鮮明にあらわれないことが多い」という。[16]

及川、そして明石附小の教育をめぐって

及川の動的教育論に対する批判は、尼子止水他編『八大教育批判』(大日本学術協会、一九二三年)において展開された。同書は、「八大教育主張講演会」を主催した大日本学術協会が、各主張に対する批判・論評を募集して編纂したものである。とはいえ及川に寄せられ、かつ批判に値する論考は数少なかったようである。[17]「よく真面目に論議している」批判としては、たとえば「動機が喚起されて起る如きは他律ではあって、既に自発でないのではある」という千葉命吉の論がある。[18]また、谷新藏は次の八点にわたって批判を展開している。[19]すなわち、「1、及川氏の所説は、不当仮定の誤謬に陥って居る」「2、従来の教育法もまた、分団式、動的である」「3、及川氏の教育説は、極端なる児童本位主義に堕して居る」「4、及川氏の教育法は、社会文化の価値を軽視している嫌がある」「5、模倣、受納も亦(また)極めて大切である」「6、及川氏の所謂行動中心の教育法は、決して、教育教授の全部ではない」「7、及川氏は、児童の能力を過大に視て居る」「8、及川氏の教育説は、諸種の理想の雑然たる集成である」。

これらの批判に対して、及川は『動的教育論』(内外出版、一九二三年)の中で反批判を展開している。まず千葉の批判については、「動機の意義を知らない議論である」と述べてさまざまな動機喚起の事例を挙げ、自発的な問題発見のみをもって動機とするのは誤り

であるとする。[20] 谷の批判については、及川はたとえば第四の批判に対し、「児童の目的を重視しないでどうして社会的文化を継承させるか」「児童の目的は社会の文化価値を創造することにならないのか」などと徹底的に反駁(はんばく)している。[21] 全体として、「君の批評はいくら読んでも理(わか)らない。［中略］思うに君の批評は教育雑誌などにある誤評を其儘(そのまま)没批判的に信じて居るのではないか。子供の為めに御研究をお勧めする」として退けている。[22]

訓導から見た及川の姿

最後に、明石附小の訓導から見た及川の姿に触れて本稿を閉じたい。次に引用するのは、附小・永良訓導の回想である。[23]

> 先生は付属の職員に対し支配的ではなかった。当時ヤリテと称せられた教育者の多くは、支配的であったように思う。一から十まで部下の職員を自分の型にはめて得々としていた時代であった。先生は職員に対し、教育の根幹についてはじゅんじゅんと説明して下さったが、これが具体化については、各訓導保姆(ほぼ)の研究に任された面が多かった。［中略］職員に対しては、指導と言うよりはむしろ研究に力ぞえをする――即ち補導的な立場をとられたように思う。

個々の児童の実態に寄り添い、それぞれに適した教育を実現しようとした及川は、附小の訓導たちに対しても、「補導的な立場」でもって寄り添う姿勢を見せていたのである。訓導らを決して型にはめることなく、各々の実践研究を保障し、それに寄り添った及川の姿には、児童の教育者としてはもちろん、教師教育者のあり方としても学ぶべきものが多い。

(1) 及川平治「動的教育論」樋口長市他合著『八大教育主張』大日本学術協会、一九九二年、二九五―二九六頁。
(2) 及川平治『分団式動的教育法』弘学館書店、一九一二年、七六―八一頁。
(3) 同右書、一―一七頁。
(4) 同右書、二頁。
(5) 同右書、七頁。
(6) 同右書、一五頁。
(7) 同右書、一六頁。
(8) 同右書、三七七頁。
(9) 同右書、三七八頁。
(10) 同右書、二二頁。
(11) 永良郡事『動的教育の実際研究』弘学館、一九二〇年、一六七頁。
(12) 同右書、一七六頁。

(13) 同右書、一七七頁。
(14) 同右書、一八二頁。
(15) 及川、一九一二年、三八八頁。
(16) 及川平治『分団式各科動的教育法』弘学館書店、一九一五年、一五五頁。
(17) 尼子止水他編『八大教育批判』大日本学術協会、一九二三年、四三二頁。
(18) 同右書、四三二頁。
(19) 同右書、四三六―四五二頁。
(20) 及川平治『動的教育論』内外出版、一九二三年、一九八頁。
(21) 同右書、二〇一頁。
(22) 同右書、二〇三頁。
(23) 三先生言行録刊行会編『三人の先生』三先生言行録刊行会、一九五五年、二九五頁。

【及川平治に関する代表的な先行研究】

・木下繁弥「及川平治の教育方法論と教育実践の展開」『教育学研究』第三四巻第一号、一九六七年、十八―二七頁。
・西口槌太郎『及川平治のカリキュラム改造論：動的教育過程の構成』黎明書房、一九七六年。
・冨士原紀絵「1930年代における及川平治の教育評価論」『教育方法学研究』第二三巻、一九九八年、一一―二〇頁。
・橋本美保「及川平治『分団式動的教育法』の系譜：近代日本におけるアメリカ・ヘルバルト主義の受容と新教育」『教育学研究』第七二巻第二号、二〇〇五年、二二〇―二三二頁。

2 澤柳政太郎と成城小学校

「教育の事実」に基づく教育研究の試行

成城小学校の誕生

ロシア革命が起こった一九一七（大正六）年、東京市牛込区（現在の東京都新宿区）に「実地的研究」をその使命とする小学校が創設された。それが成城小学校である。初代校長は澤柳政太郎（さわやなぎまさたろう）（一八六五―一九二七）。成城中学校の校長を打診された澤柳は、実験的に教育研究を行う小学校を併設することを条件に引き受けた。こうして成城中学校の敷地内に成城小学校が設置されることになったのである。開校にあたって、一学級の定員を三〇人として、第一・第二学年それぞれ一学級ずつ募集したところ、第一学年二六人、第二学年六人、合計三二人が一期生として入学した。

成城小学校については、大正新教育を牽引した私立小学校の一つであり、さまざまな観点から研究がなされている。カリキュラムに関する研究だけをみても、二重学年制の実施、ドルトンプランの導入、特徴的な実践、たとえば小原國芳（一八八七―一九七七）の学校劇、低学年理科の実践、島田正蔵（一八九五―一九六〇）の体育に注目したものなど、多数の先行研究がある。ここでは、澤柳が成城小学校を設立してから、成城幼稚園、成城高等女学校の設置により、成城学園が総合学園として成立するまでに焦点を当てる。

「私立成城小学校創設趣意」には、初代校長澤柳をはじめ、主事兼訓導の藤本房次郎（一八八三―？（情報提供元：成城学園教育研究所））以下、全国から募集選抜を経て採用された五人の訓導の名前が記されている。さらに、顧問として京都帝国大学で教育学の教授であった小西重直（一八七五―一九四八）、学校衛生の権威で医学博士の三島通良（一八六六―一九二五）が名を連ねていた。そこでは、明治維新以来の教育について、その進歩は「嘆賞に値」するとしながらも、「因襲固定の殻」に縛られ、形式化してきていると指摘する。その上で、成城小学校創設の目的が以下のように述べられている[1]。

> されば今こそは此の固まりかけた**形式の殻**を打砕いて**教育の生き生きした精神**から児童を教養すべき時であろうと思います。実に我が国現今の教育は単に小学校教育のみならず、あらゆる方面に瓦って種々の意味に於て**革新**を要望されています。殊に現に行われつつある欧州大戦乱は我国の教育界に向ってもひしひしと一大覚醒を促して

います。我が成城小学校は此の機運に乗じ、此の要望に応じ、微力を揣らず茲に教育上の新らしき努力を試みんがために生れんとするのであります。（傍点原文）

このように、成城小学校は「教育上の新しき努力を試みんがために」創設されたのである。初代校長の澤柳も、「教育の実地的研究という使命を以て生まれたのである。教育の改造を成し遂げるための実地研究をなすという目的を以て成立したのである。」[2]と述べているように、成城小学校は目の前の子どもや教育の課題を対象とする「実地的研究」に基づいて、「教育の改造」をめざしていた。そして、「希望理想と云うが如きもの」として、「個性尊重の教育　附　能率の高い教育」「自然と親しむ教育　附　剛健不撓の教育」「心情の教育　附　鑑賞の教育」「科学的研究を基とする教育」の四点を掲げていた。[3]この理想は現在の成城学園初等学校にも受け継がれている。

従来の教育学から「実際的教育学」へ

「私は教育界の渡り鳥であった」[4]と澤柳は言う。成城小学校を設立するまで、澤柳は文部省総務局、京都大谷尋常中学校長、群馬県尋常中学校長、第二高等学校長、第一高等学校長、文部省普通学務長、東北帝国大学初代総長、京都帝国大学総長を歴任し、一九一六（大正五）年、私立成城中学校長に就任、翌一七年、同校の敷地内に私立成城小学校を創設、初代校長に就任している。校長就任後、かねてから初等教育に関心を持っていた澤柳は、教師と共に「児童語彙の研究」をはじめとする子どもの実態に即した研究を進めた。二〇年には、「教育問題研究会」を発足させ「主として小学教育に関する諸般の問題を根本的に研究する」(5)という目的のもとで、研究会、機関雑誌、講習会の三つの事業を展開した。研究顧問として、理科においては、和田八重造（一八七〇―一九六一）、山岡勘一（一八八七頃―?）、主事を退いた藤本房次郎、教育学者の長田新（一八八七―一九六一）を役員に招いた。二四年には、ドルトンプランの創始者であるパーカースト（Parkhurst, H. 1887―1973）を招聘している。成城学園が総合学園として整備されていく中で、高等学校、高等女学校の校長にも就任した。その後、一九二七（昭和二）年、国際会議への出席と、その後ヨーロッパを視察のために渡航したが、帰国後、大陸性悪性猩紅熱を発病し、六三歳で帰らぬ人となった。

教育学についての代表的な著作である『実際的教育学』（同文館、一九〇九年）において、澤柳は、従来の教育学を「空漠である」と批判的に検討した上で、教育学の改造の必要を説いている。澤柳は、

澤柳政太郎

出典：国立国会図書館「近代日本人の肖像」(https://www.ndl.go.jp/portrait/)

「教育学と教育の実際との関係は互に因となり果となり、密接の関係をなして行くべき」[6]であるとし、従来の教育学を教育哲学として考え、教育の事実を対象とする研究を「実際的教育学」と呼んだ。教育の事実を根拠として研究することにより、教育学が科学として成立するといえると澤柳はいう。そのため、学校や学級、教師等各論について述べるにあたっても、それが根拠に基づいているか、科学的であるといえるかという点が、澤柳の最大の関心事であった。たとえば、学級の規模に関して「自分は通常なる教師にして児童の特性を区別し得る程度に於て学級を定むるを以て原則として差支えないかと思うのである。その程度はこれを精密に言表せば何人であるかと云うのに、これは実験に依って定めねばならぬ所である。従来自分の知り得たる所に依れば、一学級は二十五人乃至（ないし）三十五人を以て組織するのが、即ちこの原則に適うものではなかろうかと思う」[7]と述べる。小学校令施行規則の第三〇条において、尋常小学校の一学級の児童数は七〇人以下、高等小学校は六〇人以下と規定されていた。その半数以下の児童数が適切であると澤柳は考えていたのである。そして、このことを教育の事実に基づいて検証するために、成城小学校の一学級の人数を三〇人と設定したのだろう。

澤柳は、「私共の研究する所は即ち小学校教育の改造の為めであり、全国の小学校に行なわれることを目途として努力している」[8]と言う。そのため、成城小学校で研究したことは機関誌や、研究叢書で積極的に公開し、全国の小学校と連携したいと希望を述べている。

残念ながら、中野光が指摘するように、大正自由教育は、師範学校の附属小学校や私立学校では実践されたものの、公立学校では旧態依然とした実践が中心であり、その影響は限定的であった。[9] しかしながら、公立学校においても、新教育の理念や実践に感銘を受けて、自由教育を試みた教師がいた、ということもまた事実なのである。

表1　成城小学校のカリキュラム（1919年）

学年	1	2	3	4	5	6
組	竹・柳	萩・桐	楓・菫	梅・菊	桃・藤	椿・桜
修身				1	1	1
読方		5	5	5	4	4
聴方		2	2			
読書	12	2	2	2	2	1
綴方		2	2	2	2	2
書方			1	1	1	1
美術	3	3	3	3	3	3
音楽	2	2	2	2	2	2
体操	3	3	2	3	2	2
数学		5	5	5	5	5
理科	2	2	2	2	2	2
地理				2	1	1
歴史					2	2
英語	2	2	2	2	2	3
特別研究				2	2	2
計	24	28	28	31	31	31

1時間の長さは低学年は大体約30分、中学年は35分、高学年は40分位。

出典：中野光『大正自由教育の研究』黎明書房、1968年、132頁をもとに筆者作成。

成城小学校のカリキュラムの特徴とその実践

表1および表2に示したのは、一九一九（大正八）年の成城小学校のカリキュラムと、小学校令施行規則の改正により示された教授時数である。各科目の始期に注目すると、成城小学校では、修身と地理が第四学年から、数学は

表2　尋常小学校の教科目別週間教授時数（1919年）

学年	1	2	3	4	5	6
修身	2	2	2	2	2	2
国語	10	12	12	12	9	9
算術	5	5	6	6	4	4
日本歴史					2	2
地理					2	2
理科				2	2	2
図画			1	1	男2 女1	男2 女1
唱歌	} 4	} 4	1	1	2	2
体操			3	3	3	3
裁縫				2	3	3
手工						
計	21	23	25	男27 女29	男28 女30	男28 女30

出典：文部省『学制百年史』帝国地方行政学会、1972年、464頁の表23をもとに筆者作成。

第二学年から、音楽と理科は第一学年からとされており、小学校令とは異なる。また、国語にあたる内容が「読方」「聴方」「読書」「綴方」「書方」に細分化されており、二年から発達段階に合わせて授業時数が設定されていることがわかる。澤柳は設立当初から新入生に対して児童語彙の研究を進めていた。その研究成果に基づいて、実験的なカリキュラムを設計していたのだろう。

成城小学校でこのような独自のカリキュラムを設計できた要因は、二つあると考えられる。一つは、私立学校であるということ、もう一つは、設立当初から実験的な取り組みに意欲的な教師が全国から集い、教育の事実の研究をふまえて、実践をしてきたことである。成城小学校における研究成果は、『成城小学校研究叢書』として刊行されている。そのうち、理科に関するものは、諸見里朝賢（一八九一頃?—一九二三）

の『児童心理に立脚した最新理科教授』（大日本文華株式会社出版部南北社、一九二〇年）『低学年理科教授の理想と実際』（厚生閣、一九二三年）、平田巧（一八九六頃―？）の『玩具に依る理科教授』（大日本文華株式会社出版部南北社、一九二〇年）の三編である。諸見里は、沖縄師範学校出身で、長野県吉田小学校の訓導を経て、成城小学校が設立される際に志願して同校の訓導となった。着任当初から、理科訓導として教育研究に取り組んでおり、低学年理科の設立運動にも積極的であった。以下に示すのは、第一学年の理科「よく跳躍蛙さん」の授業である。諸見里は、子どもたちが「面白い」と思う動物を調査し、その結果、どの学年でも登場していた蛙を第一学年から第五学年まで、理科の教材として位置づけた。第一学年では、とのさま蛙の形態と習性を研究させることを目的とし、蛙を捕まえて自由に観察する中で出てきた児童の質問に基づいて、研究を進めていくという流れが示されていた[10]。

△教授の実際

1、蛙の採集［中略］

2、質問討議（貴方お蛙さんを捕ことした時如何な風で逃げましたか、貴方其の真似をして御覧。）（蛙の逃げる時は後足で逃げます。）（どの辺に蛙さんは多くいましたか、何故原ッパにはいないのでしょう）（とのさま蛙は田圃や池の辺に沢山いました）（蛙さんと跳躍して御覧。貴方とどっちが跳躍ましたが何故そんなによく跳躍るだろう）（蛙さんは後足をウントのばして私よりもよく跳躍ました。）（蛙さんの足は何本ありますか貴方の足は）（私の足は二本で蛙さん足は四本あります）

3、自由研究（蛙さんと暫くお遊びなさいかわいそうな事はしないように。）

4、児童の質問（蛙さんに就いて聞き度い事があったら何でもお聞きなさい）

イ、お腹は大きくなったり小さくなったりするか

ロ、お飯は何をいただくか。

ハ、鼻はどこにあるか。

ニ、耳はどこにあるか。

ホ、水の中にモグッても死なないか等。

5、質問の整理［中略］

△質問整理の一例、「お腹は大きくなったり小さくなったりするかの質問あるが誰か知っていますか」と全児童に聞くと気の早い児童は直に挙手するから教師はそれを制止して「蛙に向ってなぜ貴方のお腹は大きくなったり小（ちいさ）くなったりするかとお聞きなさい」と云い付けると各児童は、蛙のお腹をひっくり返したり、自分のお腹を手で触ったり蛙に向って「お前はなぜお腹を大きくしたり小くしたりするか」等と口を聞いて笑ったりして研究する、教師が時刻を見て再び質問すると研究した確実な知識で「お

腹は呼吸(いき)するからです」と立派な研究をする様になる。

ここには、児童の質問を引き出し、その質問に対する答えを、蛙を観察することから導き出させようとする教師の働きかけが見て取れる。諸見里は言う。「教室は、野外、学校園、八百屋、魚屋、小鳥屋等である、教師も自然其のもので、所謂(いわゆる)教師は一種の研究仲間相談相手の位置にいる」[11]と。このことは「自然と親しむ教育」を希望理想の一つに掲げ、設立当初から和田八重造の指導のもと、Nature Study を採用しながら研究を進めてきたからこそ見いだされたことであろう。

澤柳は、諸見里について、「我が日本に於て低学年の理科を理論上ばかりでなく実際の経験上から論し得るものは多くも十数人に過ぎないが、著者は実に其の資格ある者の一人である」[12]と述べている。諸見里もまた、実際的教育学の研究者であった。

「科学的研究を基とする教育」をめざして

先に挙げた低学年理科の実践をはじめ、成城小学校では多様な実験的な試みがなされていた。一九二一（大正一〇）年、第一回学芸会が公開公演として開催された。この公演は日本で初めての「学校劇」の公開であり、およそ二〇〇〇人が観覧に訪れたという。[13]また、一九年から二四年まで発行された『成城小学校研究叢書』は、児童語彙の研究、低学年教育の研究、国語、算術、理科、読方、図画工作の教科教育に関する研究など全一六編刊行されている。同校の実践に基づく研究が蓄積されていたことがわかる。

この成城小学校を源流とする成城学園、明星学園、玉川学園、清明学園、和光学園は、それぞれ独自の発展を遂げてきた。成城学園初等学校では、「教育改造研究会」において、日々の教育研究に基づく実践を公開し、参加者との意見交換を続けている。希望理想の一つ「科学的研究を基とする教育」の現在の姿である。

社会が目まぐるしく変化する中で、多様な価値観が子どもたちを取り巻く現在においては、確かに一〇年先、二〇年先を見通して教育を改革することも必要だろう。ただ、だからこそ、その出発点として今現在の「教育の事実」を見つめることを忘れてはならないのではないだろうか。澤柳が成城小学校での教育研究を通して、公立学校の教師たちに伝えたかったことを、今一度改めて考えてみたい。

学校劇「運命の鐘」

（1921 年 11 月 27 日　第 1 回学芸会）

出典：成城学園教育研究所編『学校と街の風景　成城学園の 100 年』成城学園教育研究所、2019 年、17 頁。

（1）梅根悟・海老原治善・中野光編『資料日本教育実践史1』三省堂、一九七九年、三一六頁。
（2）澤柳政太郎「小学教育の改造」『教育問題研究』第一号、一九二〇年、六頁。
（3）校史編集委員会編『成城学校百年』学校法人成城学校、一九八五年、二三三―二三五頁。
（4）小原國芳編『日本新教育百年史1総説（思想人物）』玉川大学出版部、一九七〇年、一〇〇頁。
（5）成城学園五十周年史編集委員会『成城学園五十年史』成城学園、一九六七年、二八二―二八四頁。
（6）澤柳政太郎『実際的教育学』同文館、一九〇九年、六三頁。
（7）同右書、一九六頁。
（8）澤柳政太郎、一九二〇年、九頁。
（9）中野光『教育名著選集⑥　大正自由教育の研究』黎明書房、一九九八年、二六八―二七〇頁。
（10）成城学園教育研究所編『教育問題研究復刻版』龍溪書房、一九八九年。
（11）諸見里朝賢「理科教育改造の第一歩」『教育問題研究』大日本文華ＫＫ出版部、第一〇号、一九二〇年、三四頁。
（12）諸見里朝賢『低学年理科教授の理想と実際』厚生閣、一九二三年（板倉聖宣編『理科教育史資料〈第三巻　理科教授法・実践史〉』東京法規出版、一九八六年、四一二頁）。
（13）成城学園五十周年史編集委員会、一九六七年、二九九頁。

【澤柳政太郎に関する代表的な先行研究】

・北村和夫『大正期成城小学校における学校改造の理念と実践』成城学園沢柳研究会、一九七七年。
・新田義之『澤柳政太郎―随時随所楽シマザルナシ―』ミネルヴァ書房、二〇〇六年。

3 羽仁もと子と自由学園

生活を通して学び、良き生活者を育てる

社会の中で自律した生活者を育てる

子どもたちの日々の生活や学びは、誰のどのような労働によって支えられているのだろうか。学校教育の場合だと、給食づくり、掃除、予算管理、事務処理、施設設備の整備などが、学びを支える屋台骨といえるだろう。しかしながら、その重要性にもかかわらず、これらの労働は子どもたちには認識されづらい。このような不可視の労働に目を向けさせ、自分たちでそれを担うことを通して自律した生活者を育てようとした学校がある。一九二一年に創立され、二〇二一年に一〇〇周年を迎える自由学園である。自由学園は学校を単なるアカデミックな修養の場とは捉えず、それ自体が一つの生活の場であり、一つの社会であると考えた。

自由学園で最も有名な実践の一つが、毎日の昼食を生徒たちの手で作る取り組みである。これは自由学園が女学校として創立された当初から続き、現在も女子部では毎日、男子部では週に一度の頻度で取り組まれている。昼食づくりを通して生徒たちは何を学ぶのだろうか。戦前に自由学園に通ったある生徒は、日記に次のように記している。[1]

今日はおかずのリーダーで［中略］胡麻汁とほうれん草が主だった。ほうれん草が固くて茎と葉と別にするのが大変で中々手順が悪かったので切る方で手が余って了った。お汁は一人二デシ〔リットル〕で調味料を計ったのに三デシだったので味が薄く後で又沢山足したのだが水っぽかった。胡麻丈で十銭で乾燥白菜などがあったので二十銭もかかった。

また創設者の羽仁もと子（一八七三—一九五七）は、昼食づくりについて次のように書き残している。[2]

子供のなれない手が、心のままに動かないのと、思いがけない失敗をしてまたやりなおしたりすることが珍しくないために、食事が半時間以上もおくれることがありました。子供らと私たちは、これらの面倒と困難に直面するたびに各々のもっている技量が本気に省みられ、われわれのもっている生活の方法や習慣が問題になりました。

自由学園の昼食づくりは、現代の調理実習とは一味違うことがわかる。教師によって適量の食材が準備されたところから出発するのではなく、生徒たちで食材の購入から責任を持って担っているのだ。また、学校中の昼食を作るという重大な責任を負っているため、上手くいかなかった際にも諦めて放棄するという選択肢はない。力を合わせて試行錯誤し、状況の回復を図る必要がある。女学校に割烹の授業が設けられていた大正期当時においても、このような実際的な力を身につけさせる実践は、他とは一線を画していたという。(3)また自由学園では、学校外の人や機関との交渉も子どもたちに体験させる。(4)

遠足をすることになったので、時の二年生が三人、ほど近い武蔵野鉄道の池袋駅に交渉にゆきました。その三人の子供は、揃いも揃って小さい人たちでした。駅では何だか変に思っているようで、今忙(せわ)しいからなどといって、本気に話してくれないといって帰って来ました。［中略］外(ほか)の子供が代わりにゆくか、どの先生かにお願いするか、またいま一度三人が行ってみるか、どちらにしますと、皆で相談しました。その結果、前の三人がまたもう一度行ってみたいということになり、今度は十分の覚悟をもって出掛けました。

現代の学校では生活科や総合的な学習の時間において、子どもたちを学外の社会に触れさせることは珍しくなくなったが、多くの場合は、教員が先回りして先方に趣旨を説明し、地ならしをするのではないだろうか。ところが上記の実践では、「駅では何だか変に思っているようで［中略］本気に話してくれない」というような状況に子どもを直面させ、さらに他者に委ねてしまうか自分たちで再挑戦するかといった大きな選択を迫っている。

このような自由学園での学びを通して、自らの手で生活を営むことには、責任を伴う行動や意思決定が求められるということ。手を抜いたり途中で投げ出したりすることはご法度であり、知識や経験を総動員した試行錯誤が求められること。そして、そのプロセスは自分一人ではとても完遂できるものではなく、他者と意見を交わして協力し合うことが不可欠であることなどを子どもたちは身をもって知っていく。ここから、人として自律的な生活を送る力や、社会に働きかけていくような力の素地が育つのである。

自由学園の教育実践がめざすもの

身の回りのことは自分たちでする「雇人なしの学校」である自由学園には、創立者の羽仁もと子独自の生活観、人間観、社会観に裏打ちされたカリキュラムや教育方法があった。まず一つめの特徴として挙げられるのが、生活の把握と改善をめざすことである。もと子は自由学園創設前から雑誌『婦人之友』の編集責任者を長く務めており、読者に家庭生活の改良を呼びかけてきた。その際に重視したのが、独自の家計簿や主婦日記によって、生活を計画し、記録し、分析することであった。生活を記録し、それに基づいて改良するという方法は、自由学園の教育においては日記や生活表（下図）として取り入れられ、子どもたちが学びや健康状態を振り返る手段となった。

二つめの特徴として挙げられるのが、個人―家族―社会の連関を意識した生活指導である。自由学園では、学級内に六人前後の「家族」を複数設けて、学習や生活を協力して行わせた。単なる班ではなく家族という名称からもわかる通り、同一家族のメンバー同士は互いの健康状態まで気遣うような関係を築く。もと子は「個人と家族を無視して、あるいは無視することによって、社会を重視しようとする考え方が、現在の世界の中にあると思います」[5]と述べ、個人と集団のつながりを子どもたちにもっと体験させたいと考えていた。一方で、「学校中は、約五十の家族より成る一つの団体、また社会をなして、更にそれがこの日本国の一分子として存在している」[6]とも述べており、「家族」の外にあるより大きな集団、すなわち社会とのつながりも意識していた。

生活表

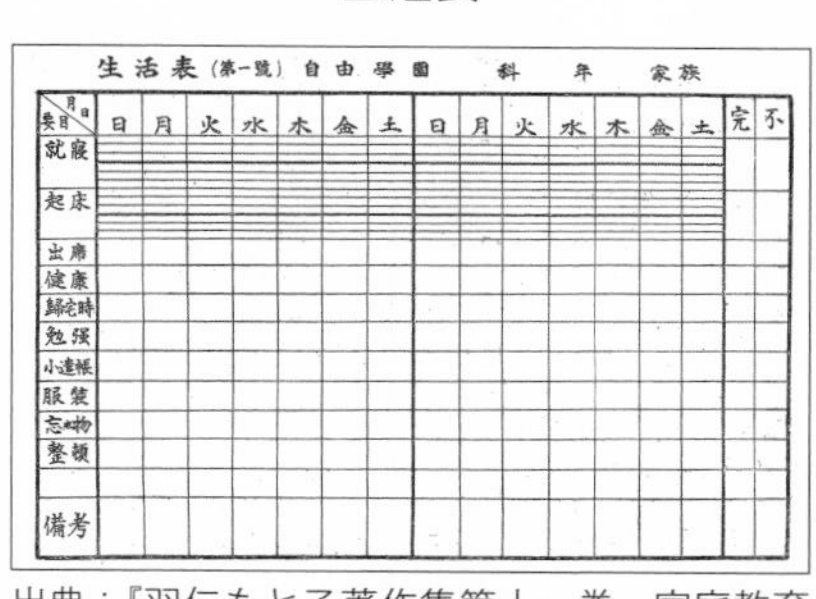

生活表（第一號）　自由學園　科　年　家族

要目＼月日	日	月	火	水	木	金	土	日	月	火	水	木	金	土	完	不
就寢																
起床																
出席																
健康																
歸宅時																
勉强																
小遣帳																
服裝																
忘れ物																
整頓																
備考																

出典：『羽仁もと子著作集第十一巻　家庭教育篇（下）』婦人之友社、1929年、261頁。

「家族」のような子ども集団の運営にあたっては、彼女は、個性やリーダーシップの強弱といった性質によって、集団内の役割が固定されないよう注意を払い、各家族のリーダーやクラス・リーダーは交替制にした。また「ある日のリーダーが、自分ならあんな拙いことはしないと思うような命令を出したら、皆さんはどうするのがよいと思いますか」[7]というような問いを生徒に投げかけ、「自分の思うことをいってみて、決定はリーダーにまかせます」、「やっぱり君の考えはここが間違っている、自分はこう思うというのがよいと思います」といった子どもたちの返答には次のように反論を加えている。[8]

われわれは、絶対にその場合場合のリーダーにいさぎよい服従をしましょう。[中略]そのためにリーダーは一日交代で順番にすることになっているのです。永久にその人に服従しろというのではありません。力およばずといえども全力をもって、与えられた仕事と領域において、皆のために考えた指揮をするリーダーに、団体人は絶対に服従をしなくてはならないと思います。リーダーである場合、リードされる立場である場合、双方からのその実践を通して、この点を皆しっかりと考えましょう。

ここからは、適材適所で集団として成果を挙げることよりも、異なる立場を経験することによって構成員個人を成長させることが重視されているとわかる。このような個人と集団のあり方を問い直す自由学園の学びは、その先の社会への働きかけに結実する。関東大震災発生時に、生徒たちは布団の提供など、組織的な救援活動を行ったという。

自由学園の三つめの特徴は、各分野の最先端の知見に触れさせて、バランスの取れた人間育成を実現するようなカリキュラムである。自由学園では生活を通した学びを尊重したが、同時に文化や芸術に触れることも大切にしていた。「子供の生活は多方面であるほど教育的です」[9]ともと子は考え、「学問と実際生活と精神生活と、その三方面よりの教育が、相互に密接な関わりをもって一つになる所に、学園の教育、学園の生活があるのです」[10]というのが方針であった。

カリキュラムの幅広さと質の高さとは、指導を担う教師の充実ぶりに表れている。たとえば一九三一（昭和六）年の『学校要覧』を見ると、懇談・読書（修身の代わり）、時事問題、国語・文学・哲学、英語・英文学、数学、自然科学、歴史、地理、教育学、経済学、法律学、育児学、美術、音楽、体操、園芸、裁縫・手芸・料理といった多彩な教科の教師陣が揃えられており、文学士や理学士のような肩書を持つ者も少なくない。また、最多の教員数は英語・英文学の八名であるが、美術科の七名がそれに続き、その筆頭には自由画教育で名高い山本鼎が位置づいている（第1章1参照）。なお、以上の諸教科に加えて「実際科」という教科を設けて、昼食づくりや学校運営に関わる学びはここに含んでいたという[11]。

四つめの特徴は、独自の「自由」の捉え方である。自由学園の標榜する「自由」は、子どものありのままの姿や行動を無批判に肯定するような「自由」ではない。学園では、一人ひとりの子どもが集団生活の中で自身の短所にも逃げずに向き合い、その改善に励むことが望まれる。そのためにも、科目選択制ではなく幅広い教育内容に触れさせ、生活指導では適性でリーダーを固定せずに全員にさまざまな役割を体験させた。これは同時期の類似の女学校の中に、各々の興味関心のある分野の伸長に注力した学校があったこととは対照的であるとされている。(12) このような独自の自由観は、キリスト教の信仰、詰込(つめこみ)主義教育への疑問、狭く旧弊な価値観への批判など、もと子が生きる中で考えてきたことから生まれたものであった。

羽仁もと子の経歴――ジャーナリズムから教育へ

青森県八戸市の下級士族の家に生まれたもと子は、高等小学校卒業後に強く希望して上京し、東京の府立第一高女や明治女学校で学ぶ。東京での新たな生活は、後の思想の核となるような三つの刺激をもと子にもたらした。

一つめが、規則正しい生活の持つ効能への気づきである。明治女学校の寮生活での「日々五

新聞記者時代の羽仁もと子
（1900 年頃）

分とも違わない規則正しい時間に、よく調理された簡素な食物を、適量にきちんとした体裁において摂る」[13]ような生活によって、長年悩まされてきた体調不良の解消をみたもと子は、学びや労働の不可欠の基盤が日々の正しい生活にあることを痛感した。二つめは、キリスト教との出会いである。同級生の影響で教会に足を踏み入れたもと子は、日曜学校に通うようになり、洗礼を受けるほどその教えに感銘を受けた。三つめは、ジャーナリズムとの出会いである。明治女学校に進学するにあたり、もと子の実家には学費を賄う余裕がなかった。そこで彼女は、校長の岩本が発行していた『女学雑誌』の編集を手伝うことを条件として、奨学生の立場を得た。

明治女学校で学んだ後の数年間は、人生の模索期であった。郷里での小学校教員、盛岡での女学校教員、関西での短い結婚生活と離婚、再びの上京と吉岡彌生宅での女中生活、そして都内の小学校での教員と、もと子は数年のうちに目まぐるしく人生の変化を経験する。そして、紆余曲折を経てたどりついたのが、報知新聞社の校正係であった。もと子は、経験を積んで念願の記者を任されるようになる。ほどなくして同僚の羽仁吉一（はによしかず）（一八八〇―一九五五）との結婚を機に退職を余儀なくされるものの、ジャーナリストとして生きることを彼女は諦めず、女性誌『家庭之友』そして『婦人之友』の編集に力を注いだ。雑誌作りの中で、もと子は各分野の専門家たちの記事や対談に触れる機会を得た。また効率的な家事運営を読者に提案するために、各家庭の食物や燃料の消費量調査を行うなど、生活を客観的に把握・分析する手法を編み出していった。一流の専門家から学ぶことと、自らの目と手で生活実態をつかみとること。この二つは後の自由学園の教育方法にも通底する。以上のように、自身の生活や雑誌編集を通して、生活改善の理想と手段が温められたところに、「教育の素人」もと子によるユニークな実践は生み出されたのである。

自由学園に対する評価

自由学園に対しては、子どもたち自身による学校運営をがめつい人件費節約であるかのように揶揄されたり、自由という言葉のニュアンスを曲解されたりといった無理解が当時から一部では見られたという。しかしながら、後にその実践は、大正自由教育研究の大家である中野光から「労働の訓育的価値に対して積極的な評価を加えていた」(14)点を他の実践校とは異なる特徴として評価される。また、短期間で幕を閉じた実践校もある中で、現在に至るまで継承されていることは、自由学園の実践に対する何よりの評価であろう。

とはいえ、羽仁もと子の著作に示される女性観や家族観は、当時の旧弊な価値観に対するアンチテーゼではあっても、現代的視点からはその限界も見られる。さらに、学園で取り組まれた生活の改良や、無償でボランティア色の濃い社会参加などは「いわゆる中間市民階層の子弟にとっての労作であり、労働者、農民の子供たちの労働ではなかった」(15)とも指摘されている。

これらの点にもかかわらず、自由学園の教育が当時から人々に魅力を与え、時代を経てなお輝きを失わないのはなぜだろうか。それは、地に足のついたリアルな生活認識（たとえその「生活」が都市中間層のそれに限定されていたとしても）に基づいて学びを展開していること。また、その時々の社会の風潮や政治的主張によって変化させられるような刹那的な自由観ではなく、キリスト教をバックボーンとして、人がより高みをめざすための意思の自由にこそ究極の自由の姿を見ていたこと。このような独自のゆるぎない「自由」と「生活」とを尊ぶ姿勢に基づく教育であったためではないだろうか。足元の生活に目を向け、かつ彼方の高みをめざす。その過程で、他者と関わり合いながら新たな社会をつくる。このような姿勢は、時代を超えた普遍的な人間育成の理念として、大いに学ぶべき点である。

（1）女子部普通科二年時の日記。高良留美子編・高良真木『戦争期少女日記――自由学園・自由画教育・中島飛行機』教育史料出版会、二〇二〇年、二六九頁。
（2）羽仁もと子「それ自身が一つの社会として生き成長しそうして働きかけつつある学校」『羽仁もと子著作集第十八巻　教育三十年』（以下、『羽仁もと子著作集』は『著作集』）婦人之友社、一九五〇年、二九―三〇頁。
（3）羽仁もと子「家庭生活より学校教育を見る」『著作集第十一巻　家庭教育篇（下）』婦人之友社、一九二九年、二二九頁。
（4）同右書、二六九頁。

（5）『著作集第十八巻　教育三十年』婦人之友社、一九五〇年、三八頁。
（6）『自由学園要覧昭和六年』自由学園、一九三一年、三頁。
（7）羽仁もと子「団体について考える」『著作集第十八巻　教育三十年』婦人之友社、一九五〇年、二二八頁。
（8）同右書、二三九—二三〇頁。
（9）羽仁もと子「詰込主義の教育と自由主義の教育」『著作集第十一巻　家庭教育篇（下）』婦人之友社、一九二九年、四一頁。
（10）『自由学園要覧昭和六年』自由学園、一九三一年、二頁。
（11）自由学園一〇〇年史編集委員会『自由学園一〇〇年史』自由学園出版局、二〇二一年。
（12）斎藤道子『羽仁もと子——生涯と思想』ドメス出版、一九八八年。
（13）『著作集第十四巻　半生を語る』婦人之友社、一九二九年、五四頁。
（14）中野光『大正自由教育の研究』黎明書房、一九六八年、二〇七頁。
（15）同右書。

【羽仁もと子に関する代表的な先行研究】
・斎藤道子『羽仁もと子——生涯と思想』ドメス出版、一九八八年。
・自由学園一〇〇年史編纂委員会『自由学園一〇〇年史』自由学園出版局、二〇二一年。

4 野村芳兵衛と池袋児童の村小学校
学校とは何か

学校に共同生活を創造する

大正期、近代学校の画一性や抑圧性を批判し、時に実験学校を創設することを伴って、学校教育の革新をめざす取り組みが生まれた。実験学校によっては、構想・実践・効果判定といった近代科学の手続きを取り入れようとするものもあった。私立池袋児童の村小学校（以下、村）は、まさに実験学校として創設されながらも、教育の効果判定という発想自体と格闘し、学校とは何かを問い続けた学校である。村におけるカリキュラムや教育方法の創造を中心的に担ったのは、同校の教師としてただ一人開校から閉校まで勤めた野村（のむら）芳兵衛（よしべえ）（一八九六―一九八六）であった。

次に示すのは、開校三年目に出版された野村の著書『新教育に於ける学級経営』（聚芳閣、一九二六年）に掲載された文章の一部である。子どもたちの自主的・共同的なクラブ活動[1]のひとつである「夜の会」（夜間に行う学芸会）を話題としている。[2]

それから二三日して、今度は、日曜日の生活を話している時、活動写真を見た子があって、活動写真を見ることの是非が問題になり、いいフィルムなればいいと言うようなことから、峯岸君の活動写真とフィルムを持ってきて、それに中村君自作の幻燈及び幻燈フィルムも持ちよって、夜の会をやろうと言うことになった。それは土曜日であった。子供たちは、一週間程前からポスターなどを描いたり入場券を造ったり劇の準備をしたりした。午前から男の子は、赤羽の峯岸君のところまで、活動写真機を持ちに行き、女の子たちは会場を装飾した。そして晩には皆で会食して、六時から九時まで三時間程やった。一切子供たちに任せて、私たちはお客さまだった。

今では一年生の子たちも一しょになって大抵毎学期一回位、子供の要求に従ってやっている。そしてその晩は父兄の方々も招き、職員の方でも子供と一しょに劇などをやっている。やってみるとなかなか味のあるものである。

もうひとつ資料を示そう。村の卒業生である杉正男が、五五歳の時に書いた村の回想録の一部である。[3]杉は開校一年目に一年生として入学した。

この頃の勉強の方は、殆んど記憶がないが、野村先生に指導してもらって、植物のことを調べたり、地理かるたを作った。覚えるというより調べる、作るという行動の方に打ち込んでいった。歴史の方も源平時代を卒業して、興味の時代は、もっと拡がって行った。博文館の「趣味の小学国史」四巻が忽ち愛読書になった。この中から、又特定の時代に目をつけ、そこの詳しい読みものをあさった。［中略］

蹴球（今のサッカー）はクシロ（久布白三郎）を総大将とする最上級生と下級生との試合で、学校横の原っぱは、全体を使う。上級生側は原っぱの中全体がゴールという滅茶苦茶なハンディをつけて貰うのだが、それでいい勝負であった。［中略］

年末に行った関西旅行こそ、その準備、あとの旅行記を含めて大事業であった。十×二十字の原稿用紙二百七十八頁の力作「関西旅行記」を書綴り、しかもその中のことを、今でもありありと思い出すことが出来る。

一つめの資料からは、子どもたちが自分たちの要求を組織し、共同して会を経営していることがよくわかる。また、二つめの杉の回想録からは、遊ぶという要求を組織し遊びを共同経営していること、記憶にリアルに残るほどの学習についてはその対象やペースを自分で決定していたこと、そして開校後六年目までに子どもたちの文集による学習という教育方法がすでに実践されていたことがわかる。

池袋児童の村小学校創設の諸条件と野村芳兵衛を取り巻く環境

このような、学校に共同生活をつくるという当時他に類を見ない実践は、池袋児童の村小学校に勤める野村だからこそ生み出せたものであった。

一九二三（大正一二）年、野口援太郎、下中弥三郎、為藤五郎、そして志垣寛の四人を中心に、義務教育費削減政策といった教育制度の資本主義化に抗して新教育運動を推進すべく、「教育の世紀社（以下、社）」が結成された。社の教育精神は「個々人の天分の進展」「児童の個性尊重」「児童の自発活動の尊重」「一切の外部干渉を排した生徒および教師の自治」「自己と他者の尊厳の尊重」であった。村は、二四年四月に、同社の実験学校として開校した。校長には、澤柳政太郎の直系であり当時の自由教育運動の中心的人物であった野口が就いた。開校時のパンフレットには、時間・空間・教師・教材を選ぶ自由が掲げられ、徹底した自由教育がうたわれた。

ところが予期せぬ出来事として、開校の約半年前に関東大震災が起こった。予定していた校地が使用不可となり、野口が池袋の自宅を校舎として提供した。和室に大きな机を置いて教室とし、実験室や図書室などはもちろんなかった。もう一つ予期せぬ出来事として、「教育の世紀社」事業を問題視した東京府によって、社が村に財政援助を行うことが禁止され、村は保護者からの授業料収入で経営されることになった。授業料は月額八円と高額

夏の学校（第２回）

出典：『野村芳兵衛著作集 2』巻頭。橋下左から４番目が野村芳兵衛。夏の学校とは夏休みの期間に村の教師と児童たちで行く旅行であり、村の年中行事のひとつである。

であった。保護者の過半数は、公務員や専門職などの知的営為を職業とするいわゆる新中間層に属する人々であり、公立小学校にはないものを期待している人々であった[4]。児童数については定員が六〇名であったが、年度途中の入退学者も多く非常なばらつきがあり、少ない時期では三〇名ほどであった。学級は緩やかな複式学級であり、教師一人につき二〇人程度の児童（公立小学校では六〇～七〇名）を受け持つことが多かった。そして、ここから先はいかなる意図がどこまであったのかは不明であるが、他の私立小学校と異なって村の教師は公募され、社の同人四人と人脈上の利害関係がなく、全国的にはまだ無名であった野村と平田のぶが採用された。社の機関誌である月刊『教育の世紀』には、野村も平田もほぼ毎月論考を寄せ、毎月の座談会の記録も掲載された。誌上では、ドルトンプランなど村で実験にかけられる可能性のある具体的プランが検討されていたものの、実際に持ち込まれることはなかった。

以上を野村を取り巻く環境として整理すると、圧倒的にマイノリティの私学であるため国と東京府による厳しい統制を免れ、子どもと保護者以外に利害関係者はなく、利用可能な資源も極度に乏しいために自身がほぼ無限の裁量を持ち、小規模・少人数のため実際に試行錯誤をしやすく、しかも社の同人四人が保護膜となり試行錯誤を見守ってくれる環境、一言でいえば自律して自身の教育実践を追求できる環境ということになるだろう。

「協力意志に立つ教育」の提唱

では、野村はいかに試行錯誤して自身の教育実践を追求したのか。野村によると、開校時に一年生だけではなく二～六年生を入学させたことによって、彼／彼女らがそれまで通っていた公立小学校の抑圧的な空気に対する反動が生じ、開校当初は「素晴らしい混沌」となった。いずれ興味関心が学習に向いていくだろうという野村の期待を裏切って、子どもたちは穴掘りや戦争ごっこといった遊びを続けた。野村は、ハラハラして見てらないほど危険な時だけは、その遊びをやめるよう子どもたちにお願いした。(5) 六月には、「教育の世紀社」が主催する形で保護者会が開かれ、保護者から一斉指導の要求があった。一学期末には六一名のうち一四名が退学した。一方で、クラブ活動である「夜の学校」「誕生日会」や遠足などの行事が次々と実施され、クラブ活動の企画運営会議である全校での「相談会」も始まっていた。野村は、子どもたちの生活である野天での遊びや交友はそれ自体が文化であることを発見すると同時に、教師も子どもと同じように自己を生かし自身の話を聞いてもらう自由つまり講義によって既存の文化伝達を行う自由を認められるべきだと考えた。

そこで野村は「野天学校」「交友学校」「学習学校」の三つの観点から学級経営を構想しはじめた。開校一年目の二学期末には、共同生活を送る上では時間割が必要であると説き、共同生活の立場から学習の相を、「独自学習」「相互学習」「講座」（「相互学習」の特殊な形で、教師が講義を通して文化伝達を行うこと）の三つに分類した。実際に、自身の三・四年生の学級において、午前中を「独自学習」「相互学習」、午後を「講座」と割り振り、子どもたちの要求によって時間割を変更するという実践を行った[6]。

開校三年目に入る折には、『教育の世紀』誌上で、村における教育の効果判定を行うという現実的な要請があった。この要請に対して野村は、実験という考え方には根本的な不真面目さがあると批判した。野村によると、人々が新しい生活に入るためには、それを始めた当事者だけでなく、不満や加勢の真摯な声と協力する必要がある。また、人は古い生活をひきずったまま新しい生活に入るのであり、何度ものさばる自身の古い心とも協力する必要がある[7]。このように野村にとっては、教育を自己の目的達成の可否を問う実験と捉えることは、一方的に子どもを退学させる保護者の功利的態度と同じなのである。

さらに進んで野村は、子どもを対象化して目的的に働きかける行為も不純であり、指導意識を持つ教育はすべて旧教育であると断じた。岐阜県洞戸村（現在の関市洞戸地区）の農家に生まれ育った野村は、幼い頃より熱心な親鸞主義の仏教徒であり、自己や他者を超える如来や生命といった「他力」が生活を導くという「他力本願」思想を持っていた。したがって野村は、人間は互いに指導意識を持つことなく友情意識で結ばれ「同行」するほかないと考えた。功利ではなく理解し協力するという友情によって実践されるのが教育である。教育は協力である。野村はそう言った。村の教育精神である自由教育とは異なる立場としての、「協力意志に立つ教育」の提唱であった[8]。

実験による効果判定という発想を否定する代わりに、野村は、学級経営に独特な教育評価を埋め込んだ。野村の学級経営の基盤にはクラブ活動が置かれ、「独自学習」「相互学習」の時間には要求の組織と文集による学習という方法が実践されていた。学習の対象については、野村は、人生を見つめて観照する態度の相から「人生科（歴史・地理）」「芸術科（文学・美術・音楽・劇）」「科学科（精神学・自然学・数学・身体学）」に分類した[9]。ある程度当時の小学校教科目に対応しているものの、たとえば「修身」が知的な「精神学」として「科学科」に入れられているように、教育内容の改造が行われている。こうして改造された大人の文化を講義を通して子どもが聞き、クラブ活動によって生まれる子どもの文化を文集を通して大人が読み味わうことで、それぞれの文化は相互に浸透していくと野村は考えた。ただしこの時期の野村は、大人と子どもが互いに文化を相対化しあった結果は、生活の外部にある「他力」によって導かれると考えるため、結果の統制をしようとは発想しなかった。

「協働自治」への変容

しかし昭和期に入ると、野村を中心とした村の教育実践や思想は変化していく。開校四年目の一九二七（昭和二）年には、野村たち教師の保護膜となっていた「教育の世紀社」が実質的に解体された。経営は校長野口一人に任され、野口は姫路師範学校長時代の教え子三人を時期を変えて教師として上京させた。野口の教え子たちは当然自由教育の実践者であり、野村たちと野口の教え子たちの間には深い溝ができた。野口の教え子のうち二人は、「受験勉強をしなくても受験勉強になる教育」という保護者の教育要求を直接的に吸い上げ、保護者と子どもを連れて村から分離独立した。開校一〇年目の三三年には、野口も村の経営から手を引き、代わって野村が経営に当たるようになった。分離独立および昭和恐慌の煽りを受けた児童数減少によって逼迫する財政と、自身を含めた教師たちの内部分裂という状況で、野村は村の経営に苦労することになった。他方、二八年に出された教員組合「啓明会」による校長公選制要求等を含む「第二次宣言」をめぐって、野村は「マルクス主義」を標榜する論者との論争にも参加した。

このような環境に身を置く中で、野村は、友情や理解に基づく協力とは異なる、功利の一致する多数が手続きに基づいて協力する政治の次元に目を開かれていった。また、新中間層の親を持つ子どもたちに、今後の産業社会で生き抜く学力と「分け合って食う」ための生活技術をつけねばならないという実感を得た。そこで野村は、学校はひとつの社会組織であると言うようになり、組織が持つ功利を個々人が実践する生活技術の訓練を意図するようになった。このような教育思想と実践を野村は「協働自治」と呼んだ。

その具体的プランは、一九三二(昭和七)年の『生活訓練と道徳教育』および三三年の『生活学校と学習統制』に示された。ここでは、協働自治の成立を支える科学的認識という視点でカリキュラムが再整理された。また、協働自治を支える生活技術については、たとえば集会場面「(1) 出席欠席のことを返事せよ。(2) 時間を守れ。(3) 何でも協議してプランを立てよ。(4) 発言の節度と、賛否の明示。(5) 主張は(功利)に立脚せよ。(6) 意見は科学的であれ。(7) 約束を守ること。(8) 仕事の分担をすること。[以下略]」[10]というように列挙されている。子どもたちは、社会的必要性を満たし組織の功利を追求するために、このような生活技術を練習し能率化することが求められた。

ただし、野村から理解と友情による人間関係の構築という構想が完全になくなったわけではない。たとえば小学一年生は大きな生活の変化があるため、野村は、「廊下を走ってはいけない」と訓練することは奴隷的訓練になる危険性があると注意を促す。また、常に協議してプランを立てることや、立てたプランに対して変更を要求し抗議することの必要性も述べられている。しかしながら多くの先行研究が指摘するように、野村においては、組織の功利に関して合意をみないという状態や利益をめぐって個人と個人が対立するという状態は想定されていない。このような矛盾を孕む野村の「協働自治」は、当時も批判の的になった。また、野村が利益をめぐって個人と個人が対立することのない理想社会を「国体」に見いだしたことは、野村の弟子でありよき同僚であった戸塚廉を失望させた。特に昭和期の野村の思想と実践については、さらなる検討が待たれる。

一九三六(昭和一一)年七月、直接的には土地代の未払いを理由として、池袋児童の村小学校は閉校・解散となった。一三年間の歴史であった。

(1) 野村は時期によって倶楽部活動とも表記するが、ここではクラブ活動という表記で統一する。

(2)『野村芳兵衛著作集2 新教育に於ける学級経営』(以下、『野村芳兵衛著作集』は『著作集』)黎明書房、一九七三年、八五頁。

(3) 杉正男「児童の村の思い出」小林かねよ『児童の村小学校の思い出』あゆみ出版、一九八三年、二〇〇—二〇二頁。

(4) 門脇厚司「私立池袋児童の村小学校と教師たち—大正期新教育の社会学的分析・序」石戸谷哲夫・門脇厚司編『日本教育社会史研究』亜紀書房、一九八一年、二六七—三八二頁。

(5) 野村芳兵衛「児童の村の二ヶ年(一)—私の観た村の生活」『教育の世紀』第四巻第四号、一九二六年四月、一〇四—一一一頁。

(6) 野村芳兵衛「学習の種々相と時間割の考察」『教育の世紀』第二巻第一二号、一九二四年一二月、二一一三頁。

（7）野村芳兵衛「児童の村二ヶ年―私の観た村の生活（一）〜（三）」『教育の世紀』第四巻第四〜六号、一九二六年四〜六月、一〇四―一一一頁、五五―六一頁、五二―五六頁。

（8）野村芳兵衛「旧教育を埋葬する日の私―協力意志に立つ教育とその実現」「教育の根拠としての意志及び主義―協力意志に立つ教育とその実現（二）」「動機より見たる教育の甦生―協力意志に立つ教育とその実現（三）」『教育の世紀』第四巻第一〇〜一二号、一九二六年一〇〜一二月、一一一―二七頁、六四―七一頁、二一―一三頁。

（9）『著作集二　新教育に於ける学級経営』黎明書房、一九七三年、一二四―一三〇頁。

（10）『著作集三　生活訓練と道徳教育』黎明書房、一九七三年、三九一頁。

【野村芳兵衛に関する代表的先行研究】

・中野光・高野源治・川口幸宏『児童の村小学校』黎明書房、一九八〇年。

・民間教育史料研究会、中内敏夫・田嶋一・橋本紀子編著『教育の世紀社の総合的研究』一光社、一九八四年。

・浅井幸子『教師の語りと新教育「児童の村」の一九二〇年』東京大学出版会、二〇〇八年。

・橋本美保・田中智志編著『大正新教育の思想 生命の躍動』東信堂、二〇一五年。

・冨澤美千子『野村芳兵衛の教育思想』春風社、二〇二一年。

5 石井筆子と滝乃川学園

“いと小さき者たち”のために

知的障害のある子どもたちの教育を拓く

明治時代、学制（一八七二〈明治五〉年）の発布を皮切りに、近代の学校制度が整えられていった。学制では、欧米の障害児教育を模して「廃人学校（障害児を対象とした学校）アルヘシ」と規定されたが、その実現が見られることはなかった。京都では、古河太四郎が小学校で聾児の指導を始めたことをきっかけに京都盲唖院が開設され（一八七八年）、時を同じくして、東京では楽善会訓盲院が設立された。その後、第二次小学校令（一八九〇年）において、盲唖学校は小学校に準ずる学校として

石井筆子

出典：滝乃川学園石井亮一・筆子記念館

規定された。このように、視覚および聴覚障害児の教育については、徐々に近代学校制度の中に位置づけられていったが、知的障害のある子どもたちは小学校令（一八八六年）で「就学猶予・免除」の対象とされたため、長く社会から置き去りにされることになった。そこで、知的障害のある子どもたちの教育を担ったのは、主に福祉施設であった。その中でも、わが国最初の知的障害児施設として創立されたのが、滝乃川学園である。

滝乃川学園は、当時、立教女学校の教頭を務めていた石井亮一（一八六七―一九三七、以下、亮一）が、濃尾大震災で孤児となった女児（孤女）のために創設した孤女学院が前身である。その中で、知的障害のある孤女と出会ったことにより、亮一は一八九七年に滝乃川学園へと改称し、知的障害児教育のパイオニアとして実践に取り組んでいった。生まれつき病弱で知的障害のある二人の娘の母親でもあった渡辺筆子（わたなべふでこ）（一八六一―一九四四、以下、筆子）は、滝乃川学園創立とともに長女幸子を学園に預け、後に亮一と結婚して生涯の伴侶として共に滝乃川学園の運営に携わっていくこととなる。

そんな筆子が、遠く離れて暮らす子どもたちのことを気にかけているであろう保護者に向けて学園での日々の様子を伝えようとしためた『學園のまとゐ』（一九一〇年）からは、日常生活における子どもたちへの細やかな気配りや、学園生活を楽しむ子どもたちの生き生きとした姿をうかがい知ることができる。その一節を紹介する(1)。

女児の中、自ら髪結い得らるるは、極めて少数なるより、或は食事前、或は食事後に分ち、一人の世話掛にて、三四人の髪を取りあく。但し自ら衣服を改め、髪を結び、寝床整うるが如きも、ここにては、課業の一と数うるなり。

食物を鵜呑にする、児童多かるが故に、食堂掛は側にありて「よくかんで、よくかんで」と嚙み方を教うるなり。［中略］「お箸はチャンと右の手に、お椀は左の手で」と其都度言うを気に障る折などは、茶碗投げ付けらるるもあれば、味噌汁をあびせるもあり。されどいつしか、おとなしうなり行かるるぞ、嬉しくも楽しきものなる。

秋気高く晴れ、吹く風も枝を鳴らさざれば、目標として立てる紅白数本の旗は、幼児達の手して打振られんを待てり。［中略］或は庭の方より或は廊下伝いに。「まだなんですか」。「運動会はまだ始まりませんか」とのお催促は、実に櫛の歯をひくが如し。品物に符号付け終りて、一ツ二ツの行李、設けの席へ持ち運ばるるや、歓喜の声一度に湧きたつ。扨賞品は一等二等三等とに分ち与え、其以下なるには、なくもがなと思えど「御褒美が出ないからもーしない」と失望せらるるあり、少し劣れるを皆一同に与うる事と為せば、「まけても何か貰えるから、下稽古なんかしないでもいーわ」となかなか横着かまえらるるもあり。

毎朝、髪を結い、身だしなみを整えること。食事の度に、「よく噛んで」と声をかけること。こうした日々の営みの中の丁寧な関わりを〝課業〟の一つとして行うさまは、生活と教育を統合した生活教育の実践といえる。家庭で身だしなみや食生活などについて気にかけられることが少なかった障害のある子どもたちにとっては、新鮮な経験だったことだろう。また、運動会当日は、まだかまだかとワクワクしながら運動会を心待ちにする子どもたちや、景品を楽しみにする子ども、景品がないならがんばらないと言う子どもなどの姿が目に浮かぶようである。『學園のまとゐ』を手にした保護者たちは、わが子の姿を想像し、頬を緩ませていたかもしれない。この運動会は、世間一般の学校で行われているような遠足などに連れていくことが難しい学園の中で、せめて園内で心ゆくまで楽しめるようにと願って開かれたものであり、知的障害のある子どもたちにも他の子どもたちと同じような〝当たり前の学校生活〟を保障したいという亮一、筆子の思いが伝わってくる。

知的障害児教育の第一人者として理論の体系化と普及に努め、児童の心理検査や講演活動などで学園を留守にすることも多かった亮一に対して、筆子は学園の子どもたちと日常を共にし、実質的な学園の責任者としての役割を担っていた。また、卓越した女子教育の先駆者であったことから、知的障害児教育を担う保母（教員）の養成にも尽力した。そして何より、自身が障害児の母親であることから、障害のある子どもたちへの深い愛情とまなざしを持って学園の子どもたちと関わり、園児や保母から〝お母様〟と呼ばれて慕われ、亮一亡き後は、筆子自らが学園長に就任し、障害のある子どもたちの未来を照らし続けた。その生涯をたどり、〝いと小さき者たち〟への深いまなざしと学園の存続に向けた原動力の源泉を探ってみたい。

筆子の二つの顔

①女子教育の先駆者として

筆子は一八六一（文久元）年、肥前長崎大村藩士の長女として生まれた。父親の渡辺清は明治新政府発足時には高級官僚として地方自治や中央の政治に関わり、後に福岡県令（県知事）なども務めた人物である。筆子は一八七三（明治六）年、当時唯一の女子高等教育機関であった官立の女学校（東京女学校、通称竹橋女学校）に入学し、外国語や西洋事情などを積極的に吸収した。一八七七年に官立女学校が政府の財政難により廃校になった後は、クララ・ホイットニーやクレメント・ブランシェーのバイブル塾に通い、英語だけでなく、西洋の宗教観や結婚観などにも触れた。この頃に出会ったキリスト教の信仰や女性観が、筆子の人権意識の根底を支えるものになっていったと考えられる。一八八〇年に皇后の命を受けて渡欧し、二年後に帰国すると、八五年には同時期に留学を経験した津田梅子（つだうめこ）らと共に華族女学校の教師となった。その華やかなキャリアから、筆子は〝鹿鳴館の華〟ともうたわれた。

②女性の自立支援者として

華族女学校で先進的な女子教育に尽力する一方で、西欧での見聞や明治の家族制度のもとで女性ゆえに自分の意思で自由に生きることが許されなかった自身の経験から、女性の自立支援に強い関心を寄せていた筆子は、一八九二（明治二五）年、貧困家庭の女性に職業教育を施し自立を図る女紅学校（当時の女子教育機関の一つ）を開校した。この女紅学校では、義務教育終了後の働く女性を対象に、基礎的な教科に加えて、裁縫、機織、刺繍などを無償で教えていた。石井筆子研究の第一人者である一番ヶ瀬が「職業をもつこと、専門をもつこと、そしてそれを深めていくことを、精神的な自立も含めて、先生は一貫した想いをおもちだったと思います」と指摘しているように[2]、身分や出自によらず、女性の権利を護り、女性の自立を促すことに対して筆子が抱いていた強い自負と責任は、後の滝乃川学園でも発揮されることになる。

知的障害児の母として

一八八四（明治一七）年に同郷の高級官吏で許婚の小鹿島果と結婚した筆子は、長女幸子を授かる。幸子は生まれながら病弱で知的障害があった。次女の恵子は生後五か月で亡くなっており、三女の康子もまた知的障害を持って生まれた。康子誕生の翌年（一八九二年）、夫の果が肺結核で亡くなると、筆子は旧姓に戻り、二人の知的障害のある娘を育てながら、華族女学校の教師や華族女学校付属幼稚園主事を務めた。また、幸子と共に洗礼を受けクリスチャンとなっていた筆子は、教会の日曜学校などの活動のほか、静修女学校（ミッションスクール、女学校卒業後の女性を対象とした女子高等教育機関）での教育にも携わるようになる。九五年にはその校長職に就き、女子教育に一層献身的に尽くした。その頃、知的障害児教育の途に歩み出そうとしていた亮一が静修女学校の講師として講義に訪れるようになったのを機に、二人は運命の出会いを果たした。

当時、筆子と交流のあったデンマークのヨハンネ・ミュンターはその回想記『日本の思い出』（一九〇五年）の中で、筆子の打ち明け話を聞き、「彼女は四六時中、注意に注意を重ねて病気の子どもたちのことを隠していました」と記している。[3] 実際に筆子が二人の娘のことをヨハンネにどう伝えたかは定かではないが、知的障害のある娘たちを世間から隠すようにして育てなければならなかった当時の世情がうかがわれる。だからこそ、筆子は誰よりも強く、知的障害のある子どもたちを温かい家庭に迎えてやりたいと願ったのではないだろうか。そしてまた、華族女学校や静修学校、女紅学校などに携わる中で、教育が自立を促す力を持つことを肌で感じていたからこそ、知的障害のある子どもたちにも学び成長する場を保障したいと深く望んだのではないだろうか。

多くの障害のある子どもたちが虐げられ、権利を蔑ろにされていた時代に、亮一の学問的な探究心はもちろんのこと、それでも生まれてきたわが子にできる限りの愛情を注ぎたい、教育を受けさせてやりたいという筆子の切実な親心が、滝乃川学園の創立と存続の大きな原動力となっていたことは想像に難くない。そしてその親心は、学園にわが子を預けた多くの障害児の親の願いとも共通するものであったことだろう。筆子の打ち明け話からもわかるように、当時、障害のある子どもを家庭で育てることには多くの苦労が伴い、施設に預けざるを得ない家庭も少なくなかった。その中にあって、多くの親は学園でのわが子の安寧な生活と成長に一縷の期待を寄せていただろう。そうした親心がわかるからこそ、筆子は先に紹介した『學園のまとゐ』をその手で編んだと考えられる。

保母の養成に尽力

亮一が孤女学院で震災による孤女の自立をめざしていたこと、また、筆子も貧しい女性の自立のための職業教育に力を入れていたことから、滝乃川学園では女子教育の一環として保母の養成も行われ、筆子はその中で中心的な役割を果たした。この保母養成部の卒業生の中には滝乃川学園や他の福祉施設などに保母として就職する者も少なくなかった。このように、福祉施設の中で児童の養護と専門家の育成が同時に行われたことは、滝乃川学園の大きな特長の一つといえる。滝乃川学園に勤めていた保母への聞き取りを行った一番ヶ瀬によれば、「保母さんの教育というと保育技術とか保育理論ですが、そうではないのです。もっと豊かな教養、たとえば歴史とか、さまざまな宗教的な話とか、たまには英語、あるいは知的障害児をどう捉えるかという科学的認識を含めて、実に豊かな教育をしていらしたとのことでした。それは単なる女性の自立や経済的自立にとどまらない、将来、心の泉となって精神的自立を支えるような、根源になる教養教育をやってこられたと思います」とある。(4) 筆子の働きの根幹には、性別や障害の有無を超えて、人が人として生まれ生きる喜びを享受する権利や人としての尊厳を護りたいという強い思いが感じられる。

『學園のまとゐ』から約一〇年後に刊行された『瀧乃川學園のその日〳〵』には、「教室便り」として保母たちの実践記録が残されている。(5) 年少の子どもたちのクラスでは、「字を憶えさせる方法としてはカルタを使って見ました。遊ばせながら喜ばせながら知らず識らずの間に憶えさせる事が出来ていいように思います。片仮名五十音字を憶えこませるのに一年以上もかかった子供がひら仮名を憶えてしまいますのに、これを使ってしましたら、二日とは掛りませんでした」と、教材教具の工夫が見て取れる。その一方で、「数はもっと教え難い課目です。一つとはどれだけか、又どれだけあったら二つになるのか、Tちゃん一つだけ持って来て下さいと云っても二つも三つも持って来るし、二つしかないのに三つ四つと数えてしまって実物の数と一致しません」とあるように、教え方に苦慮している様子もうかがえる。また、「体質が弱くて物を教えることの出来ない子供もありましたが砂遊びにどろんこに、運動に散歩にと恵まれた自然の中に連出して思う存分紫外線にも当て風の中でも遊ばせました為か皆んな元気になりました」という記述からは、障害ゆえに気軽に外出することもままならなかった子どもたちが、自然の中でたくましく成長していく様子がうかがえる。また別のクラスでは、「お習字の時間は［中略］今日は誰が水をさすの紙をくばるの筆を洗うのと大変なのですが又これも一つのお稽古になりまして水をこぼさない程度に上手に入れ半紙を数える筆はすみのついていないように奇麗に注意して洗って置く、一人でするより大勢が助け合って仕事をする方が早く出来るとかいうようにほんとに生きたお稽古になるのです」「お家へ何か一言でも御手紙が書けるようにして上げたいと思いまして作文を練習し始めました。生徒も『お家へ手紙を出すのね』といって喜んで書きます。何かほしくなりますと『先生僕×××がほしいから又御手紙書かせて頂戴』などといってこれも嬉しいお稽古の一つです」という授業風景の一コマが紹介されており、日々の営みの中で経験を通して学ぶ姿や、「字が書ける―書けない」ではなく「字が書けるようになりたい」「家族にお手紙を出したい」という子どもの願い、「字が書ける」喜びなどがとても大切にされていることがわかる。ここにも、生活そのものが学習であるという生活教育の視点が貫かれていることが滝乃川学園の実践の特長として表れている。

〝いと小さき者たち〟へのまなざし

これまで、その人生や功績が顧みられることはあまりなく〝無名（むみょう）の人〟ともいわれる筆子。彼女の生まれ故郷である長崎県大村市の市制施行六〇周年（二〇〇二年）を記念する顕彰事業を機に史料の発掘が進み、今日に至る。筆子が今日の障害児教育・福祉にもたらした功績の研究は緒に就いたばかりであるが、創立から一〇〇年以上経ってもなお、地域の児童福祉・社会福祉を担い、多くの人々の生活をまもる今日の滝乃川学園があるのは、亮一の功績はもちろんのこと、筆子の働きなくしては成し得なかったといえるだろう。

共にクリスチャンであった亮一と筆子は、聖書の一節から〝いと小さき者たち〟という表現を好んで使ったといわれる。女性も障害のある子どもたちも、人としての権利を蔑ろにされていた当時の社会にあって、筆子は華やかなキャリアを持ち政府の期待を背負って女子教育に貢献しながら、その一方で、女性ゆえに自己実現が阻まれた経験があるからこそ、そして自らが障害のある子どもの親であったからこそ、その一生をかけて、時代の中で弱い立場に置かれる〝いと小さき者たち〟の痛みや願いに寄り添い、共感し、その未来を照らし続けた。そのまなざしは、戦後、多くの障害児教育・福祉の実践の中で受け継がれてきた。その一人である糸賀一雄(いとがかずお)は近江学園での実践を通して、「この子らを世の光に」と、障害者自らが光となる存在として認められる社会のありようを世に問いかけた。(6)

現代の社会は、筆子が貫いた〝いと小さき者たち〟へのまなざしを継承し、彼らが光として輝ける社会を実現できているだろうか。今日の子どもたちをめぐる環境はますます複雑化し、困難さは多様化している。虐待を受け、家庭で安らぎを見いだせない子どもは後を絶たない。近年は、家事や家族の介護を担う子どもたち(ヤングケアラー)の存在も注目されるようになった。また、地域の中で障害のある子どもたちが安心して学べるインクルーシブな教育の推進はまだ道半ばである。どのような境遇に生まれても、誰もが人としての生を祝福され、世の光として輝ける社会となるために、〝いと小さき者たち〟の声に真摯に耳を傾け、歩み続けることが今求められている。

（1）瀧乃川學園『學園のまとゐ』一九一〇年、六頁（「第一部　家庭としての學園」、「起臥の事」より）、八頁（同「食事の事」より）、二八―二九頁（「第二部　學校としての一斑」「十一月三日の運動會の事」より）。
（2）ここで「先生」とは筆子を指す。一番ヶ瀬康子、津曲裕次、河尾豊司編『無名の人　石井筆子―〝近代〟を問い歴史に埋もれた女性の生涯』ドメス出版、二〇〇四年、二〇頁。
（3）長島要一『明治の国際人・石井筆子―デンマーク女性ヨハンネ・ミュンターとの交流』新評論、二〇一四年、一七二頁。
（4）一番ヶ瀬康子、津曲裕次、河尾豊司編、二〇〇四年、二〇頁。
（5）瀧乃川學園『瀧乃川學園のその日〳〵』一九三二年、一〇、一二、一四、一五頁。
（6）糸賀一雄らの実践については、『時代を拓いた教師たち』日本標準、二〇〇五年第1章2も参照。

【石井筆子に関する代表的な先行研究】

・一番ヶ瀬康子・津曲裕次編『シリーズ福祉に生きる49　石井筆子』大空社、二〇〇六年。
・井出孫六『いばら路を知りてささげし――石井筆子の二つの人生』岩波書店、二〇一三年。

6 留岡幸助と家庭学校

愛と信仰の感化教育

「家庭にして学校、学校にして家庭」

北海道紋別郡遠軽町に「留岡」という地名がある。この地名の由来となった人物こそが、児童福祉の先駆者である留岡幸助（とめおかこうすけ）（一八六四―一九三四、以下、幸助）である。幸助が設立した家庭学校の北海道分校および農場（現在の児童自立支援施設・北海道家庭学校）がこの地に置かれ、今なおその名が刻まれている。

近代学校教育制度は、理念としてはすべての子どもたちを包摂することをめざしたものの、実態としてはそこからはじき出された子どもたちが存在していた。そのような子どもたちの中には、時に「不良少年」「悪少年」と呼ばれた子どもたちがいる。幸助は、彼らを「悪（にく）むべきものにあらずして寧ろ憐むべきもの」であると説き、社会から疎外された子

どもたちに独立自営の精神と力を養う感化教育を行った。次のエピソードは、幸助の実践思想が端的に表れている。(1)

少年の上に於ける農業の感化は、実に偉大なものであります。入校の当時から、不良少年は人間を好まなくて、自然を好むような僻がある。我生徒に、第三種怠惰の組に属する者がある。何をさせてもしない。其処で或夏のこと、馬鈴薯の畑に追いやって、之を掘らして見ましたが、何を命じても嫌がる者が、馬鈴薯を掘ることに限っては、日の暮れる迄やって居ました。止めろと云っても止めなかった。之は何故と申すに大きな馬鈴薯が、一ツの根から七ツも八ツも出るので、余程の趣味を以て掘ったものと見えます。［中略］不良少年は、先ず人間社会と隔離して、「ネーチュアー」で感化せなければならぬ。人間社会で悪くなった者を、人間の多い社会で好くすると云うことは極めて六ヶ敷いので、見ることと聞くことが罪悪の種である。それで飽くまで蕪を作らせたり、葱を作らせたりすがる宜い。蕪や葱は不良少年に作られたからと云って、汝が作るのだから成長してやらないとは申しますまい。其処で不良少年は考えるのであろう。人間さえすれば、必ず能く出来るに違いない。不良少年と雖も、正直に労働は我を不良少年として取扱うけれども、馬鈴薯や葱は我を不良少年と見て居らぬと見える。如何となれば骨折て労作さえすれば、馬鈴薯も葱も能く出来ると。而して平素懶惰（らんだ）でありし不良少年も、大に面白味を感じて、仕事に精出すようになります。是が即天然の感化であります。（適宜読点を句点に置き換えた）

このように幸助は、さまざまな境遇の中で「不良少年」となってしまった子どもたちを、自然の中でそして自然によって感化することを試みていた。このさまざまな「境遇」について、幸助は「十中八九までは、家庭悪しきか、然らば全然家庭を有せざるに在る」と述べている。そこで、自然と共に家庭的生活の中で教育すること（家族舎制である「家族（ファミリー）制度（システム）」による教育）をめざして、一八九九年に田園風景が広がる東京巣鴨に「家庭学校」を設立したのである。現在の児童自立支援施設は、当時「感化院」という名称が一般に用いられていたが、この言葉が「監獄の支店」という印象を与えうるため、「家庭学校」という名称が選ばれた。さらに、より積極的な意味として、良き家庭的環境の中でこそ感化は有効であると考え「家庭にして学校、学校にして家庭たるべき境遇に於て教育するに如かずと思惟（しい）し、同一の場所に家庭及び学校の共存するものを設け、以て彼等を矯正せんと欲す」という願いが込められている。では、この家庭学校は、幸助によるどのような思想に支えられて、またどのような実践を行っていたのかを見ていこう。

キリスト者が拓いた児童福祉の世界

幸助は、幕末の一八六四（元治元）年に備中松山藩高梁（現在の岡山県高梁市）に生まれ、すぐに商人であった留岡金助と勝子の養子となった。彼が振り返って度々語る重要な原体験は、七～八歳の時に寺子屋で士族の子どもたちから日々理不尽な仕打ちを受けつつも耐え忍んでいたが、繰り返し行われるその仕打ちに対して一度抵抗した時に、養父からひどく叱責されたことである。階級制度への憤りを感じていた幸助が、一七歳の時に、人類みな平等であるというキリスト教の教えと出会い、幼き頃から抱いていた違和感は誤っていなかったと確信した。このような経験から、彼は敬虔なキリスト者として、社会を改良するという前途多難な道を歩んでいくことを自ら選んだ。

そして、一八八五（明治一八）年に、同志社英学校別科神学科邦語神学課程に入学する。キリスト教と社会改良に関する幅広い分野に触れる中で彼の思想は形成されていった。中でも、ハワード（Howard. J.）を知ったことから監獄問題に関心を寄せるようになったことは、後の歩みを方向づけた。同志社を卒業した幸助は、京都にある丹波第一基督教会の

留岡幸助

出典：北海道家庭学校

牧師となった。その後、九一年に北海道空知集治監の教誨師になる。囚人たちと対等な立場であろうとして、一対一の個人教誨を行った。丹念な傾聴によって、囚人たちには、厳しい家庭環境などの境遇に置かれており、若い時から非行を繰り返しているケースが多いことを知った。この事実や北米視察で得られた知見（帰国後九六年にその成果として『感化事業之発達』を出版）に基づいて、早期に「不良少年」を感化する必要性を感じて、本格的に児童福祉の世界へ進むことになった。

北米視察から帰国後すぐの一八九六年に、三好退蔵と東京感化学校を設立しようと計画するが、学校におけるキリスト教の位置づけなどをめぐって対立し頓挫する。そして、九九年に幸助の思想を実践する場として東京の巣鴨に家庭学校を創設することになる。この前年には、後に戦前の教育科学研究会などで活躍する教育学者・留岡清男（一八九八―一九七七、以下、清男）が生まれている。そして、さらなる広大で豊かな自然を求めて、一九一四（大正三）年には北海道分校と北海道農場を開設した。このように野心的に社会改良と児童福祉の新たな世界を開拓していった幸助は、「一路到白頭」の精神で時代を駆け抜け、三四年に逝去。では、家庭学校で実際にどのような実践を行っていたのだろうか。

愛と信仰の教育

形骸ありて精神なき人間は、人にして人に非ず。学校に於けるも亦之に同じく、形

> 式完備するも主義精神なき学校は学校にあらざるなり。我が校の精神若しくは生命と称するべきものは基督なり。語を換えて之を言えば基督は愛なり、故に家庭学校は愛を以て生命となす。［中略］教育に於て重んずべきは信任にあり。生徒教師を信任し、教師生徒を信任せざるべからず。而して信任の本体は友情にあり。友情の本質は愛なり。［中略］家庭学校は愛を以て其の生命と為し、愛の力は最も高く且つ堅固なる墻壁よりも更に一層高く且つ堅固なりと為すものなり。(2)

幸助の実践を支えていた信念には、キリスト教としての愛と信仰が貫かれている。当時の感化院の多くは、子どもたちの脱走を防止するための塀や柵が設けられていたが、家庭学校では一時期を除いてそのようなものは設けられていなかった。子どもたちを信じることと、子どもたちから信じられることが、あらゆる壁よりも堅固であると幸助は考えたのである。このような愛ある家庭的風土による学校の構想は、彼が「大教育家」として幾度も言及するペスタロッチ（Pestalozzi, Y.H.）の考えに通ずるものである。明治期におけるペスタロッチ受容は、東京師範学校の高嶺秀夫を中心とする教育方法面における改革（開発教授あるいは実物教授）として行われたと一般的に知られているが、同時期に幸助は、ペスタロッチの思想を「いと小さきものたち」を救うための教育として受容し、そして実践を行っていたのである。(3)

①家庭学校の生活と教育

家庭学校には、幼い時に父母を失った子どもや天災によって帰る家がない子ども、家庭が荒れている子どもなどが入学した。「家庭学校概則」によると、八歳から一六歳の少年が入学条件として設けられている。経済的状況によって、学費を全額（月額七円程度）納める場合と、一部を納める場合や全額免除される場合があった。生活の単位は、家族長と家母、子どもたちなどから構成される家族舎である（「家族制度」）。

学校の基本方針として、「勤勉」「独立」「正直」「清潔」の四大主義を掲げ、「教養ノ方法ハ専ラ職業ヲ授ケ加ウルニ徳育、知育、体育及宗教ヲ以テス但シ宗教ハ基督教ニ拠ル」とされた。朝五時半に起きてまず礼拝堂で談話や祈祷を行い、午前中は普通教育としての学習を行い、午後から職業教育として労働を行う。普通教育は、小学校から中学校程度までを内容としていた。労働は、冒頭で引用したエピソードのように農作業を重視したが、他にも石鹸の製造や豚や鶏の飼育などを行うこともあった。このような通常の教育の他に、家庭学校内外でさまざまな行事も行われた。たとえば、模擬店やクリスマス、秋の遠足、夏の臨海生活などである(4)。

幸助が知育と徳育を基礎づけるものとして重視したものが、体育である。家庭学校に入学してくる子どもたちは、不健康である場合が多々あり、体力をつけて健康な体にすることが必要であると説いた。そのため、家庭学校には専属の医師も置かれていた。

表1　生徒数と職員数

年次	生徒								職員					
	前年越員	入校生徒数	退校生徒数	退校生徒　内訳				年末生徒数	来任全職員数	来任職員内訳			退職	年末職員数
				改善	病気事故	諭旨退校	逃亡			教職員	家母家母補	嘱託等		
1899年	0	1	0	0	0	0	0	1	1	1	0	0	0	1
1900年	1	11	2	0	0	0	2	10	10	5	2	3	6	5
1901年	10	11	7	3	0	1	3	14	5	2	2	1	4	6
1902年	14	16	8	0	3	4	1	22	5	3	0	2	4	7
1903年	22	14	18	8	4	2	4	18	5	0	3	2	4	8
1904年	18	10	10	3	2	3	2	18	4	2	1	1	5	7
1905年	18	10	13	6	6	0	1	15	5	2	2	1	4	8
1906年	15	18	14	4	7	1	2	19	7	4	3	0	3	12
1907年	19	13	10	3	6	0	1	22	4	1	1	2	3	13
1908年	22	19	12	5	5	1	1	29	4	1	2	1	3	14
計		123	94	32	33	12	17		50	21	16	13	36	

出典：二井仁美『留岡幸助と学校——近代日本感化教育史序説』不二出版、2010年、117頁。

家庭学校の実践は、近代化を推し進める日本で置き去りにされた子どもたちを、「独立自営」の精神を有する強い個人として育て、社会に適応できるようにするものであった。つまり、近代そのものが有する矛盾を問題とするのではなく、近代学校の境界線の外部に位置づけられた「不良少年」たちを包摂する近代的プロジェクトの徹底であったといえる。

②家庭学校の教師たち

家庭学校にはどのような教師たちがいたのだろうか。幸助は、教師たちに日々の子どもたちの様子を記録しておく「生徒観察記」（日誌）を持たせていた[5]。子どもの実態をしっかりと観察してそこから具体的な感化教育を行うことを求めたのである。この日誌には、たとえば「本日は午後より休暇を与えたるに拘らず、石井、佐藤、平林の三生は午後二、三時間程度是非状袋貼りを彼等三人に限り随意にさせたり。如斯（かくのごとく）彼等の思想は将来長く持続すべきものなりや、頗（すこぶ）る考究を要すべきことなりと思う」のように、子どもたちの様子や教師としての考えが述べられている。原真男は、生徒観察記の最後に「留岡校長に申上候。小生儀六ヶ月在校の間、児童研究に付ては実に大なる利益を与えられ申候」と記していることからも、この日誌が、教師たちの児童研究を通した力量形成の機能を担っていたといえる。また、学校を不在とすることが多く、そして子どもたちを過度に庇うことが多かった幸助に対し時に教師たちは批判や不満を記し、それに幸助が応答することもあった。つまり日誌は、校長である幸助と教師たちとの意見交流の媒介物としても活用されていた。

　幸助は、現職研修だけでなく児童福祉を担う教師たちの養成にも力を入れていた。国が養成機関を設けるよりも以前の一九〇一（明治三四）年に慈善事業師範学校を家庭学校に付設している。この養成機関の入学条件は、二〇歳以上の男女で、数学や歴史などの試験を合格したものである。二年間で、教育学や犯罪学、キリスト教について学び、実習もあった。この機関の卒業生から感化院長も輩出している。したがって、家庭学校は、子どもたちの感化教育の場であるとともに、その感化教育を担う教師たちを育てる場としての役割も演じていた。実践・研究・養成の三位一体の発想は、全国の師範学校でも見られたが、幸助の家庭学校は、児童福祉という新たな領域を私立で行っていたことにその革新性がある。

幸助から清男へ

幸助の四男・清男は、幼い時に家庭学校という環境の中で父の背中を見て育ち、東京帝国大学で心理学を学んだ。一九二九（昭和四）年に北海道分校の教頭（寮長も兼任。後に四代目校長）として着任する。では、清男は、幸助の思想をどのように継承したのだろうか。(6)

感化教育の指導原理たりし信仰と慈愛とが、最早、その指導原理たるに堪えなくなって、科学的調査と研究がそれに代わらねばならぬと考えらるる様に傾いて来たのである。［中略］今や感化教育の実際的効果を隔絶せざる新たなる原理を要望しているのである。その教育的原理とは何か。蓋し、教育の一科目の意味にあらざる労働の理念がそれなのである。労働の中に、人としての責務が自覚され、人としての修養の手段が発見され、そうして人としての経済的社会的能率が工夫されねばならぬ。

「信仰と慈愛」を重んじた幸助に対して、清男は「科学と労働」を重んじた。もちろん、幸助も感化教育において学術的な研究の必要性を唱え、労働による教育的効果を説いていた。しかしながら、幸助以上に、清男は、この二つを重視したのである。子どもたちが自治をして、自ら生産労働に従事しながら生活すること、つまり地に足のついた教育を促した。このような思想と実践の延長線上に、有名な生活綴方批判がある。「学校教育の現実は、常に最大限度の観念に満足する思考類型によって一般化され、抽象化されている。［中略］このような生活主義の綴方教育は、畢竟（ひっきょう）、綴方教師の鑑賞に始まって感傷に終るに過ぎないという以外に、最早何も言うべきことはないのである」(7)という清男による挑発的な発言に端を発して、一九三八年に雑誌『教育』誌上で生活教育座談会が行われた（狭義の生活教育論争。中期三八年論争(8)）。この座談会の中で、清男は、綴方だけで生活のための教育を行うことには限界があり、「社会研究科」を設置してカリキュラムのレベルで再構想する必要性を訴えた。これは戦後に新設される社会科を予感するものである。戦後の官製の社会科を最も批判的に捉えたのが生活綴方教師たちであったことは皮肉なことであるが。

最後に、現在の北海道家庭学校の教師の語りに耳を傾けたい。「自立支援は強制でも矯正でもありません。家庭に恵まれず、居場所をなくしてきた子どもたちが家庭学校で、この疑似家庭の寮舎で、家庭的な体験を積んで、時に失敗をして成長していきます。子どもが安心して暮らし、のびのびと成長する環境を提供することが私の仕事ではないかと考えました」(9)。力強い個人を育成する「教育」実践から、ありのままをも肯定する「福祉」実践へと主たるモチーフを変容させつつも、疎外された子どもたちを家庭的な学校の中で救済するという志は、幸助から清男へ、そして現代にまで連綿と引き継がれてきたといえよう。

（1）留岡幸助編『家庭学校　第二編』警醒社、一九〇二年、五四―五六頁。
（2）同志社大学人文科学研究所編『留岡幸助著作集』第一巻、同朋舎、一九七八年、五八七頁。
（3）武田清子『土着と背教――伝統的エトスとプロテスタント』新教出版社、一九六七年。
（4）二井仁美『留岡幸助と家庭学校――近代日本感化教育史序説』不二出版、二〇一〇年、一〇九―一一〇頁。
（5）「巣鴨家庭学校生徒観察記」は、次の文献に所収されている。留岡幸助日記編集委員会編『留岡幸助日記』第二巻、矯正協会、一九七九年。
（6）留岡清男「教育学原理の再構成――労働原理の素描」『人道』第二九六号、一九三〇年、二頁。
（7）留岡清男「酪連と酪農義塾――北海道教育巡礼記」『教育』第五巻第一〇号、一九三七年、六〇頁。
（8）生活教育論争については次の文献を参照されたい。中内敏夫『生活教育論争の研究』日本標準、一九八五年。
（9）北海道家庭学校編『「家庭」であり「学校」であること――北海道家庭学校の暮らしと教育』生活書院、二〇二〇年、一六六頁。

【留岡幸助に関する代表的な先行研究】

・室田保夫『留岡幸助の研究』不二出版、一九九八年。
・田澤薫『留岡幸助と感化教育――思想と実践』勁草書房、一九九九年。
・二井仁美『留岡幸助と家庭学校――近代日本感化教育史序説』不二出版、二〇一〇年。

第3章

社会変動と教育

学校教育における自治とは何か。学校教育で子どもと共に社会の問題を見つめるとはどういうことか。学校教育を通じて社会を変えていくことは可能か。子どもたちの目の前に過酷な生活があるとき、教育は無力なのか。教育者たちは、こうした問いをめぐって議論を重ねてきた。

そこでは、リアルな認識に基づき表現・生活する子ども、文化創造の主人公としての子どもなど、一人前の生活者としての子ども観に基づく論が展開された。同時に、目の前の子どもの課題に教師として取り組むこと、教育を通じて子どもの知性を育てることなどの、発達主体として子どもを位置づけた上での教師・学校の役割に関する議論も展開された。これらの子ども観は、各教育者たちが構想したカリキュラムの違いにも反映されている。

本章の教育者たちが、どのような子ども観を持ち、社会の改造をめざしていたのか、考えてみよう。

1 戸塚廉といたずら教育学

教育と社会とのつながりを求めて

いたずら教室の連茶先生

連茶先生は変わっている。先生から挨拶するなんてありえない、そんな時代に登校中の子どもたちに「おはよう」と声をかけて一緒に歩き、ましてや道草を食って、「おい、これはいいウンコかわるいウンコか」なんてきいてくる。「いいウンコです」と答えると、笑って言うのだ。「いいウンコをする人と、いいものを食う人と、どっちがえらい?」

お金のない村の学校には、楽器だって十分になんてない。そうすると連茶先生は、お昼ごはんの茶わんを出させて、水を張って叩かせる。子どもたちが家でも叩くものだから、行儀の悪いことを教えられては困ると村長たちに呼び出された連茶先生、なんと村長たちを説得し、気に入られて帰ってきてしまった。

道草の中で貧富と権威の無関係に気づかせ、楽器がなければ茶わんを使い、絵の具がなければ町の画材屋さんで乾いて売り物にならないのを格安で買ってきて、水で溶かしてめいっぱい描かせてくれる。知恵と機転を利かせて、手の届く生活の中にある科学を見いだし、文化を芽吹かせるのが連茶先生のすごいところだ。

ある日、かめお君の病気がずいぶん悪いと聞いた子どもたちは、おばあさんにつばめの糞と飯粒を練り合わせて足裏に貼るといいよと教えてもらう。みんなで糞を集めて薬を届けたが、かめお君は、亡くなってしまった。お葬式ではかめお君のお母さんに、みんなでご馳走（豆腐汁に油揚一枚）を頂いた。そんな中、五郎君はつぶやいてしまう。「また誰か死ぬといいがなァ、またよばれるで」あくる日の学級会では、そんなことを言ってはいけないと意見が出てくる。子どもたちのなりゆきを見守っていた連茶先生（私）は声をかけた。

私「みんなそれについてどう思うね」／皆「悪いと思う」／A「友達が死んだのを喜んでいるんだもの」／私「そうかね、S（五郎）君はK（かめお）君や他の友達が死ぬのをよろこんでいるのだろうか」／C「うん、――ううん、そうじゃないかな（そうじゃないだろう）」［中略］　私「C君、S君は何を喜んでいたんだろうかね」／C「S君はねえ、ご馳走になった事を喜んでいるんだ、ねえ」[1]（括弧は引用者）

どうして悲しいはずなのにご馳走なんかで嬉しく感じてしまうんだろう、と学級会は続く。問題の根っこには貧乏という生活の問題があること、それに負けて心をさもしくしないために皆が助け合わねばならないと連茶先生は話した。

戸塚廉

出典：戸塚廉『野に立つ教師五十年1　いたずらの発見』双柿舎、1978年の扉より。

「いたずら」へのまなざし

連茶先生、またの名を戸塚廉（とつかれん）（一九〇七―二〇〇七）という。「いたずら教室」として知られる実践を展開し、後には池袋児童の村小学校の教員となった。雑誌『生活学校』の編集者として生活教育論争の仕かけ人ともなった。戦後は、子どもたちの作る学級新聞をつなぐ『おやこ新聞』を主催したことでも知られる。

戸塚は後年、自らの教育理念に「いたずら教育学」と名づけた。その端緒は、一九三一（昭和六）年、雨桜小学校着任時の保護者への手紙にすでに見られる。「やりたいものをうんとやらせるのが一番いい教育法です。『いたずらをするんじゃあない』なんて言ってとめないで、出来るだけ子供のやりたい様に任せておいてください。危険なことや、あまりひどい迷惑にならないことでしたら、なるべくいたずらをさせてください。いたずらが最も子どもにとっては面白い勉強なのですから」。[2] この理念のもとで、四・五年生を持ち上がりで担任し、冒頭の実践風景は生まれた。どうして戸塚は、「いたずら」をそれほど大切にしたのだろうか。彼は「いたずら奨励は科学認識の基礎であるとともに、社会変革への道である」[3] とも語っており、ここには二つの意味が込められている。

まず、子どもたちが自然を認識しようとして働きかける時、それはしばしばいたずらと呼ばれる。冒頭の茶わんの話は、まさにこれに当てはまる。茶わんを叩けばうるさいし、大人にとっては無意味である。しかし、本来子どもたちにとっては、ものを叩けば音が鳴り、叩き方によって音色も変わるという事実の確認は、それ自体が世界を認識するために不可欠な活動であり、だからこそ楽しいのである。大人が許容できないのは、余裕がないからにすぎない。絵の具の話も同様である。子どもたちが思いっきり絵の具を使うのは、色彩という、世界の欠片に働きかける活動なのである。つい無駄遣いと見られがちだが、安い絵の具さえ大量に手に入るなら、迷惑でも何でもなくなる。

一方、いたずらにはもう一つの系統がある。昔は自由な恋愛が「親の許さぬ不義いたずら」と認識されたように、古びた慣習を打破し、自由な方向へ社会を発展させるための実力行使を戸塚はいたずらと呼んだ。お葬式の例もこの系統に該当するだろう。お葬式の場で「誰か死ぬといいがなァ」などとつぶやくのは不謹慎でダメだ。そうやって否定するのは簡単である。しかしそこで、当たり前を絶対視する見方をやめて、なぜ喜んでしまうのかと問い直せば、背後にある社会的な問題を子どもたちはつかむことができる。こうした懐疑や抵抗の源としても、いたずらと総称されるものは重要だと考えられたのである。

戸塚の歩み

戸塚は、いたずらを重視した実践のあり方を、教職に就いた当初から掲げていたというわけではない。そもそも、彼はどういった経歴をたどってきたのだろうか。

一九〇七（明治四〇）年に静岡県掛川市に生まれた戸塚は、地方名士であった祖父や父のもと、文学好きの叔父の影響を受けて育った。「牢獄」と彼が呼んだ師範学校と兵営での生活を経て、二六年から掛川第一小学校で教職に就く。良家の人懐っこい子どもが集められた師範学校附属での実習とは違い、学級は落ち着かず、受け持ち児童に給料を盗まれもすれば、救えない子もいる。「付属の児童への愛と、今の児童への愛とをくらべてみて、私はどうしていいかわからなくなる。私は、いなかの子どもを愛することができないのだろうか」[4]と悩んだ。すべての子どもを愛すという素朴な理想が、限界を迎えたのである。

この悩みを打開すべく、師範学校専攻科に入った戸塚は、一年の間、哲学書を読みふけった。そうして復職した彼は、あらゆる子どもを平等に愛せなくとも、あらゆる子どもに価値高い生活をさせたいと願って教材研究し、活動を考えることはできると気づく。その勉強の中で、一九二九（昭和四）年一二月に『綴方生活』誌が開催した新綴方研究講習大会に参加し、野村芳兵衛の講演を聞いた。その日の感動は、戸塚に「野村芳兵衛、凄い、深い、鋭い。深い社会意識に根差した人。これだけでも惜しくない」(5)と日記を綴らせた。

一九三〇年の正月の日記には、高邁（こうまい）な道徳者としての自分を捨てて「もっと生活に喰い込む」と表明すると同時に、「社会がもっている教育力」へと気づいた様が読み取れる。(6)善かれ悪しかれ、社会は個人に影響を与える。個人の生活はそれを自ら選択しなければならない。教育者にできるのは、その選択の標準と意志の方向とを指示することではないか。こういった気づきの中で戸塚は、子どもたちの集団に育つ社会性や、その学校外の社会とのつながりを、生活というキーワードで意識化した。

それゆえ戸塚は、自らも地域社会に働きかけていく。同僚であった牧原伊平らと一緒に『耕作者』と名づけた新聞を発刊して教員同士のつながりをつくろうとしたことも、その一端である。ただしこの新聞は、警察で調書を取られるきっかけともなってしまった。この出来事で学校にいられなくなった戸塚に声をかけたのは、居村である雨桜（あまさくら）村の校長である。「いたずら教室」として後に知られる実践の舞台に、彼はこうしてやってきた。

戸塚は『耕作者』の発刊による逮捕後も、学校教育のあり方を問い教員運動を広めることを諦めたわけではなかった。とりわけ、一九三二年八月に池袋児童の村小学校において結成された新興教育同盟準備会が採用したテーマの一つである「労働者農民その他勤労者の日常生活に於ける初歩的一般教育に対する欲求の充足」という方針には強く惹かれた。

彼はこれを「学級、学校、家庭、部落の生活をすべて民主的・科学的精神で組織していくこと、すべての生活を通して、科学的に自然や社会を認識し、それを変革するために集団的に行動できる人間をつくることだと理解」したとされている。[7] これは、学校生活の一場面を切り取って実現できるものではない。だからこそ彼は、学校の内外を問わず、まさに「すべての生活を通して」それを実現しようとしたのである。

実践の諸面——社会のもつ教育力

まず戸塚は、身近なものを用いて子どもたちの意欲を刺激し（冒頭の茶わんや絵の具の例）、学級会で生活上の問題を率直に公にして話し合った（冒頭のお葬式の例）。一人ひとりが綴方を書いてくるだけでなく、地域調べを行い集団での綴方制作も行った。学級での問題の提起には子どもたちの作る学級新聞「村の五年生」が機能していたことも見逃せない。上級生への抗議を周知するだけでなく、先生の言動に対する抗議だって載せられた。

また戸塚は、教科の学力をも、単なる個人の能力とせず、社会や生活とのつながりにおいて捉え直そうとしていたきらいがある。その代表が、算術科などに取り入れられた「小先生」活動である。[8] これは学力別に学級を三つの「くみ」に分け、進んでいる三くみの子どもが小先生となり、一くみの子どもを支援するという仕組みである。この際、戸塚は次のように声をかけていた。「一くみの人たちは、ちいさいとき、びょうきをしたり、いまもからだがよわかったり、うちが忙しかったりして、おくれてしまった人たちだ。三くみの人たちは、うまれたときから、からだがじょうぶだったり、うちにべんきょうをおしえてくれる人があったりして、よくできるようになった人たちだ。だから三くみの人たちは、じぶんのべんきょうをするだけでなく、一くみの人たちに、じぶんのいいあたまをわけてやらなくてはならない」[9]と。習熟度別に分ける方法は、優劣意識を助長し、分断を生む可能性がある。しかし戸塚はむしろ、集団としての連帯意識の形成を期待したのである。

さらに戸塚は、小先生の活動を学校内に留めず、地域の学力を高めるために展開しようと働きかけた。雨桜小学校に異動して以降、戸塚は地域の消防組の長や青年団の顧問などを任されていた。その中で青年たちの読書を促し現状を変革する必要を感じた彼は、学校の青年図書室を再建し、小学校の子どもたちの協力のもとで青年たちに図書を配達するシステムも組み上げたのである。戸塚は子どもたちを教室に集めて呼びかけた。学校を卒業したあとは勉強する機会がなくなるため、村のおとなの学力は小学校二、三年程度しかないんだ、だから君たちが先生になって彼らに勉強させたらどうか、と。こうして二百人以上の「小先生」が集まり、本を読もうという呼びかけ文を、図書目録に添えて男女の青年へと配り、活動は開始した。結果として青年たちの読書量は増えたとされている[10]。

小学校を村の青年の学習に接続した一方で、戸塚は自宅に、子どもたちが自由に集まる「子どもクラブ」も開いた。とはいっても、この発端は教育的意図ではなく、休日にも家へ来る子どもたちと遊んでいると読書や休息の時間が取れないという問題を、子どもたちだけの遊び場を作ることで解決することだった。当初の目的は達成できなかったが、結果としてこのクラブは、地域の子どもたちを自治的な集団として組織するのにも一役買うことになった。自主的な学習会や活動が展開され、子どもの手による新聞も作られた。

たとえば、夏休みの子どもクラブでは、次のような生活が展開された。[11]「午前七時から九時まで。読書やノート学習、自然観察。九時から十時まで。水泳。午后（ママ）四時から六時迄。共同作業。来れる者だけ来る。製茶や田の草取りで子供は留守居や子供をしなくてはならぬものが相当あった。子守の為には大きな柿の木の緑陰に共同で涼み台を作って、そこで幼児を遊ばせて交代で見る事にした。子供の経営する託児所である。留守居の子供は予（あらかじ）め図書館の本を借りて置くか、『動く図書館』が巡回して来た時に借りて読んだ。水汲み、飯炊き等、用事の特に多い子供の所へは、子供たちは手伝い隊をつくって応援に行った」。子どもたち自らの参加によって生活が営まれていたことがわかるだろう。問題が生じた際には、検討する会議も開かれた。議長と書記が選ばれて関係者による説明がなされ、それが「クラブの生活や、大人の生活にどんな悪結果を生んだかが明（あきら）かにされる。更にそうした行いを生むに至った動機をキチンとつきとめて考える。そしてその動機がどんな社会的状態から生（うま）れて来ているかが闡明（せんめい）され」たのである。

実践の詳細をこれ以上紹介することは紙幅が許さないが、通覧すれば、戸塚実践の総体としての姿が浮かび上がってくるだろう。子どもたちの集団を生活する社会にまで育て、それを実社会と接続していく。どちらの社会も子どもたちに影響を与え、一方で、子どもたちもまた社会を形成していく。それゆえに、常識とされる既存の社会慣習との対立も、時として避けられない。このような彼の姿勢を象徴する表現こそが、「いたずら」であった。

その後の戸塚が投げかけるもの

残念ながら、一九三三（昭和八）年春には、戸塚は再び逮捕拘留され、教員免許を褫奪（ちだつ）されてしまった。その後上京し、三四年から翌年にかけては、憧れていた野村のいる池袋児童の村小学校で、六年生を担任している。しかし、ここでの教員生活は、戸塚に都会の私立学校への疑念を抱かせた。「野村先生が五年間かけて、わが子のように育てあげた五年生は、文集でも演劇でも集会の司会や報告、討論でもまったくみごとにやってのけた。ただいかにも不満なのは、この土性骨の感じられないことだった」[12]

たとえば夏の長期宿泊行事で、野村が買ってきた葡萄を子どもたちにあげようとすると、ある同僚が「葡萄は子供はいけないの。エキリにでもなったら大変」と止めてしまった。戸塚は日記に「『畜生――、』そう子供達は言いたかったに違ない。かくして『大事』にされ、かくして弱くなって行く子供」[13]と胸の内を綴っている。手厚い保護を与える児童の村の様子を、病院のようだと戸塚は忌避した。これを打開するため、児童の村での彼は、田舎の子どもの様子を説き、喧嘩を薦め、行進訓練をさせ、湖に飛び込ませた。

教育を社会とつなぐことを重視した戸塚だからこそ、地域社会をもたない都会の私立学校という場の捉え方に苦慮した、ともいえるだろう。はたして教育は地域と、もしくは社会のあり様と、どう関わればよいのだろうか。このあたりの模索は、雑誌『生活教育』の編集者として戸塚が仕かけた、いわゆる生活教育論争にも垣間見られる。[14] 教育に関わる「生活」とはいったい何なのか、教師は学校教育にのみ注力すべきなのか、どこまで社会生活を見通せばよいのか。こうした論点は、現代の教育を考える手がかりになるだろう。また、戦後の教育実践への影響も無視できない。特に、一九六〇年代に鈴木孝雄が東京の公立小学校で、戸塚の影響を受けて展開した実践は「いたずら教室戦後版」とも呼ばれる。[15] こうした影響を検討してみることも、戸塚の投げかけた問いを探る助けとなる。

(1) 上野保夫「こんな場合をどう裁く?」『婦人運動』一九三三年、三四―三五頁(東京大学教育学部図書室、戸塚文庫)。上野は戸塚のペンネームの一つである。他のエピソードも含め、戸塚廉『いたずら教室』講学社、一九五九年、二五―三四頁で童話として語られているものも参照した。

(2) 戸塚廉「雨桜小学校へ赴任のあいさつ」一九三〇年九月(戸塚文庫)。

(3) 戸塚廉『野に立つ教師五十年1　いたずらの発見』双柿舎、一九七八年、一七八頁。

(4) 同右書、六七頁。

(5) 同右書、一二一頁。

（6）戸塚廉「一月一日（水曜）」「一月二日（木曜）」『教育生活記　昭和五年』一九三〇年（戸塚文庫）（同右書一四六頁にも転載されている）。
（7）坂本忠芳「『新教』中央の対立と『新教』の解散」黒滝チカラ編者代表『日本教育運動史2／昭和初期の教育運動』三一書房、一九六〇年、二一九頁。
（8）戸塚、一九五九、三五―三八頁、および戸塚廉「学級経営断片」一九三二年（戸塚廉『江津三代記民間教育運動の底流』エムティ出版、一九九一年、五八八―五八九頁所収）。
（9）戸塚、一九五九年、三五―三六頁。
（10）戸塚、一九七八年、二〇四―二二四頁。
（11）上野保夫「子供クラブと夏の生活」『現代教育』八月号、一九三二年、一〇六―一一五頁（戸塚文庫）。
（12）戸塚廉『野に立つ教師五十年2　児童の村と生活学校』双柿舎、一九七八年、三八頁。
（13）戸塚廉「九月一日」『秋の日記』一九三四年（戸塚文庫）。
（14）中内敏夫『生活教育論争史の研究』日本標準教育研究所、一九八五年などに詳しい。
（15）鈴木孝雄『学級文化活動と集団づくり』明治図書、一九六七年。

【戸塚廉に関する代表的な先行研究】
・竹内常一「戸塚廉の歩んだ道」『生活指導』三月号、一九六四年、七三―七九頁。
・鈴木里美「『耕作者』の教師たち」民間教育史料研究会編『教育の世紀社の総合的研究』一光社、一九八四年、五八九―六二二頁。
・鈴木里美「1930年代における児童文化論の展開：戸塚廉の実践を中心にして」『一橋研究』一一巻三号、一九八六年、九九―一一三頁。

2 村山俊太郎と綴方のリアリズム

「生活をありのままに綴る」とはどういうことか

「概念的」にならず、生活の事実から生まれる感情を綴り見つめる

子どもたちが自分たちの生活をありのままに綴るという営みは、表現力を育てる言葉能力の指導であるだけでなく、自らの生活をどう捉えるかという認識の指導に関わり、さらにはその捉えた生活にどう向き合うかという生き方の指導にもつながりうる。そして、綴方の指導において、綴方に何を見て、それをどう評価するかという教師の作品批評は重要な位置にあり、そこにその教師の教育観や子ども観や社会観が鋭く問われる。戦前の生活綴方教育運動や北方性教育運動を牽引した村山俊太郎（むらやまとしたろう）は、生活をありのままに綴るということの内実とその教育的、社会的な意味について考究した人物である。

たとえば、以下の子どもの詩をどう批評するだろうか。いずれも一九三七（昭和一二）

年の日中戦争開始直後、社会全体がナショナリズムに高揚する中で書かれたものである。(1)

支那にいってる兵隊さん

支那にいってる兵隊さん
ほんとにほんとにいそがしい
毎日毎日いそがしい。
支那にいってる兵隊さん
ほんとにほんとにありがとう
どこでもすぐにせんりょうする
支那にいってる兵隊さん
ぼくたち学校でべんきょうして
えらい子どもになりますよ。

ミノルちゃんのおとうさん

ミノルちゃんのおとうさん　かえってくるといった
学校のかえり道　ミノルちゃんがうれしそうにいった
戦争にいったミノルちゃんのおとうさん
元気でかえってくるといいな
ミノルちゃんはどんなにうれしいだろう
私とミノルちゃんはわかれた
ミノルちゃんがおーと手をあげた
私もおーといった
私はいつまでもミノルちゃんをみていた
ミノルちゃんのおとうさん
しなないでかえるとよいな

上の詩に対して、村山は、「おとなの注入する概念的な思想は盛られているが、子どもの生活の実感から湧き上がった感情の世界が薄い。こうした概念詩からは、ほんとうに真実な国民的感情は育たない」[2]と、生活感情や真実性を欠いたマンネリズムの問題を指摘する。他方、下の詩に対しては、「戦地に出征されたあとの子弟同志の友情が、たくまない行動の描写のなかから迫ってくる。作者も、ミノルちゃんのおとうさんのかえりを喜んで待つ感情が、素朴な表現のなかによくとらえられている。対象を描いても、作者の行動が如実にうつし出されているのは、詩は技巧ではなく、題材に裸で取っ組むところからこそ、よい詩が生まれるものであることを裏書きしている」[3]と、時局への熱狂や誇張がなく、生活事実とそこから生まれる感情をリアルに描こうとしている点を評価している。日本が戦勝を重ねていると報じられ、事変的な感激や兵隊さんへの礼賛や慰問文で学校の綴方も埋め尽くされていた時期に、具体的に科学的に落ち着いて日常生活を捉える先に形成される、リアルな時局認識を大事にすることで、大きな時代の流れとギリギリのところで対峙していた村山の姿が見て取れる。

表現技術の指導と生活組織の指導で教室文化を高める

「ミノルちゃんのおとうさん」の詩は、山形市第八尋常高等小学校の五年一組（男女五〇名）の子どもによるものであり、生活をリアルに見つめる眼やそれを表現する技術は、村山の組織的で系統的な指導によって育まれたものである。最初、ほとんどの子どもは文

詩の表現指導の系統化

（1）子どもがしらずしらずの間に叫び、語った感動的な語句を教師が記録して鑑賞させる。
（2）生活を語り合う学習のなかから、どの話がよい話か、ねうちのある話か、詩になる話か、絵になる話かなどについてわからせる。
（3）作品をよませる作業と、詩と絵との関連的な指導とをやり、そのなかに生活観察の眼を養ってやること。
（4）生活のなかから、どこがぎりぎりの焦点であるかをしらせ、そこの細叙の指導工作。
（5）ことばの選択や、表現技術などの操作を数多くやらせて、とらえた題材の表現作業になれさせるための指導をやる。

を書くことが嫌いで、文字や表現上の約束が正しく使いこなせず、表現の意図が正しく伝えられないような状況であった。これに対して村山は、文章技術の指導をそれだけで完結させることなく、学校生活内における表現生活を、子どもの必要感の上に築きあげようとする。すなわち、文字を使って文章を書くことが、子どもの生活的要求によってなされ、生活に役立つよう計画されるし、さらに、それによって子どもの生活文化が新しく推し進められるよう、週一回発行される学級通信（「教室文化」）や、学期に一回つくられる「生活の本」などを軸に学級経営を組織化したわけである。

詩の指導について述べた下記の言葉は、村山の表現指導観をよく表している。「子どもにはまず生活がある。そして言葉が育ち、詩が叫ばれ文章がかかれる」[4]。村山は詩の指導の出発点において、詩はどんなことを叫べばよいのかということを、知らせ、感じさせ、実際に体験させることを大事にし、上に示すように、その指導をかなり丁寧に系統化している。[5] さらにその前段階として、生活の語り合いを充実させ、ほんとうのことを自由に語らせ、子どもの独り言のような、自然と口を突いて出る「さけび」を話し合いの中に意識化したりもする。そこから、題材を意識させたり、詳しく観ることや細かい描き方を指導したりして表現技術を育てていく。ただし、そこで早く写生詩や観察詩などに向かわせない方がよいとされており、固定した型や韻律といった「技巧」ではなく、生活の高い探究力と結びついた「技術」を高めていくことが重視されている。村山はその原理を次のようにまとめている。「子どもの前におかれた詩の題材としての現実〈生活・自然〉が、作品化されていくためには、その現実の感情的な燃焼が大切なのだ。しかも、その燃焼のためには、子どもなりの知性の裏づけも必要であるし、表現される過程においては、より直截的に、具象化される技術のレンズも通過しなければならない」[6]

こうした生活技術に密着した表現技術の指導は、子どもが文章を書きたいという必然性を生み出すような日々の生活を育てる学級経営と不可分の関係にある。村山は、週二時間の綴方指導では、主として文製作の技術指導と長文の製作に充てるとともに、生活文学的な作品の他に、家庭作業や放課後の指導などにもよりながら、記録的、報告的、ニュース的な文章を日常的に数多く作らせた。他方、学級にあるさまざまな組織を形式化させないために、生活組織における子どもたちの内面的な交流を促し、学級文化を高めるべく、学級新聞「教室文化」、日記の指導（毎日）、手紙の交換（随時）、「生活の本」づくりの仕事

学級経営の方案の概略

学級経営の方案

1 教室の自治組織（学級自治会や部会の編成）
2 教室の内面的組織（日記の指導、「教室文化」の発行、生活の本の発行、手紙の交換、学級学芸会）
3 教室文化の編集
4 教室文庫の経営
5 生活の反省
6 保健訓練
7 作業技術の訓練
8 会合教育の訓練（自治会、学級学芸会、勉強競技会、学級展覧会、学級裁判会）
9 学級壁新聞
10 週間教育

を学級自治会の仕事とした。こうして、子どもたちの日記、手紙文、綴方、詩、その他の記事などは、「教室文化」や「生活の本」に掲載でき、年一回の学校文集「みつばち」にも綴方や詩の作品を掲載できることで、学級の全児童が、一学期に一回以上、作品を学級新聞などに掲載できるようにして、子どものモラルを組織する教室文化を高めていくわけである。

上に示したのは、村山の学級経営案のメインにあたる「学級経営の方案」の項目のみを取り出したものであるが、きわめて精緻な計画性の下に組織化されていることがわかる(7)。「教室文化の編集」の項目で示された「方針」（子どもの生活計画と反省の記録／子どもの自然、生活、社会の観察記録報告など／教師の日記、記録、作品／社会の行事、ニュースなどの解説的報道紹介／子どもの勉強の計画、しおり、反省／科学的な読み物、童話／偉人（文化的な）の伝記、郷土人物の紹介／自治会の記録／たかい文化や作品の解説、鑑賞／子どもの作品（文、手紙、日記、詩歌、句など））は、学級新聞「教室文化」の目次を構成するものであり、村山による学級の綴方経営の全体構想が読み取れる。

童心主義の克服から「調べる綴方」へ

子どもたちの生活の指導と綴方の指導とを統一的に遂行し、生活感情に根差したリアルな現実認識の力を育む村山の実践は、生活綴方教育運動の歴史的な展開に規定されつつ、さまざまなゆらぎのなかで形成されていった。

村山は、一九〇五（明治三八）年七月一五日、福島県岩瀬郡須賀川町で誕生し、翌年、父の郷里である山形県北村山郡山口村に転居しそこで育った。一九二一（大正一〇）年一月、尋常高等小学校高等科を修了して、一六歳で山口村立山口尋常高等小学校准訓導心得（代用教員）に採用され、二五年には、同校の訓導として採用されるとともに、山形県師範学校本科二部に入学した。翌年には卒業し、本科正教員の免許状を得た。一九二七（昭和二）年、専攻科に進学し翌年には卒業した。この時期、村山は、鈴木三重吉『赤い鳥』などとの出会いから、

村山俊太郎

出典：村山士郎『村山俊太郎　教育思想の形成と実践』本の泉社、2017年2頁。

短歌・詩・童謡づくりに熱中し、自らの作品や子どもたちの作品を集めた童謡集や詩歌集を作っていた。最初は北原白秋（きたはらはくしゅう）の影響が強く、花、風、海、星、鳥などをテーマにしたロマンティックな作品が主であったが、野口雨情の野性に惹かれ、さらに小砂丘忠義『鑑賞文選』に触れて、「日暮れの踏切」、「港」などの童謡を発表し、教室での自由詩実践も展開し、生活題材を取り上げるようになった。しかし、依然としてその生活感は感傷的であり、文芸至上主義や童心主義を抜け出てはいなかった。

一九二八年、二三歳で山形師範学校代用附属東沢尋常小学校に赴任した。そこで、文学や童謡を通して得た子ども観と地域の現実生活との矛盾に突き当たり、自然共感への態度を重視する自由詩の実践も、自分の教え子たちの生活現実とかけ離れているのではないかという疑問を持ちはじめる。そして、都会ではなく農村の土の生活の価値に目を向けた、富原義徳『土の綴方』（一九二八年）に共感して童謡と決別し、さらに、雑誌『綴方生活』（一九二九年創刊）と出会い、「生活者としての子ども」観に立った生活教育へと転換していった。また、新綴方研究講習大会への参加を通して、子どものプロレタリア意識の問題に触れ、マルクス主義や社会への眼を一気にひらかせていく。

『綴方生活』一九三〇年四月号に発表された村山による「綴方生活に自照文を」では、生活の中で内へ内へと自己批判し人生的陶冶を図ることを提案するものであった。それが、『綴方生活』一九三一年四月号の「詩の指導に関して」では、マルクス主義芸術学にも学びながら、内面重視から現実的な物事を客観的に捉えさせる方向へと大きく転換していく。

こうして村山は、客観性・科学性を重視し、新課題主義の調べる綴方の実践を展開していった。『綴方生活』一九三一年八月号に掲載された「天神川のお祭り」は、六年生三人（山口まつ、山口ます、江口キク）の共同作品であり、「一、天神様、二、祭りのお使い、三、祭りの日、四、祭りの店、五、祭りのちょうちん、六、祭りの反省」という目次で、調べ学習と調査をまとめている。たとえば、祭りで買ったものとその値段を淡々と記述しその合計金額を調べたりした上で、祭りの反省としても、自分たちの感想が書かれず、公徳をまもることや倹約といった道徳的な内容が主になっている。峰地光重の共同製作の実践に連なる実践であるが、この実践に対しては、経済的な問題を取り上げながらも、ただ知識をかき集めているだけで、科学的認識を与えていないし、祭りで使った金額を調べて不景気と結びつけ、節約主義を強制する非科学性が批判された。その反省から村山は、社会科学的方法が綴方を基礎づける科学だとする見方を強めていった。「生活調査と綴方」『教育・国語教育』一九三二年四月号で示された「トマト日記」の実践は、「家の仕事についてあなたが実際にやられていることについて観察したり調査したりする日記を書きましょう」という呼びかけで書かれた課題日記であり、温床つくり、初めて芽が出た日、移植までを綴った労働記録的作品であり、生産場面の生活技術だけでなく、トマト収穫後の経済的関係を調査的に認識させ、生産労働の社会的役割についての階級的な認識へとつなげていくことをめざしている。

この頃から村山は、山形高校社会科学研究会と結びつき、労働運動へと接近していった。そして、一九三一年、山形県教育労働組合を結成したが、翌年、検挙され、起訴猶予となったものの免職となった。さらにその翌年に、『日刊山形新聞』記者となったが、勝利夫、島木和男のペンネームで精力的に綴方教育に関する論考を発表し、客観的事実の列記に終始する「調べる綴方」に批判のまなざしを向け、改めて作者の主観の持つ意味を再考するようになる。そして、三六年、村山が三一歳の時に、『生活童詩の理論と実践』を刊行し、三七年、山形市第三尋常高等小学校に復職したが、四〇年二月、治安維持法違反で再び検挙され、投獄されることになる。冒頭で取り上げた実践は、軍国主義的な統制が強まる中、村山が教室での実践に集中した数年間で生み出されたものである。その後、健康上の理由(結核)で入獄延期のまま終戦を迎えた。戦後四六年、天童小学校に復職。東村山郡教員組合委員長となり、六月には山形県教員組合副委員長になっている。だが、再び結核が悪化して床につき、校長公選に当選するが、病状悪化のために校長の職に就けないまま、四八年、大量喀血(かっけつ)し、四三歳で生涯を終えた。

綴方教育は生活教育にどう関わるか

村山については、「綴方教師解消論」、すなわち、生活綴方教育運動を生活教育運動に解消し、綴方教師を国語科教師に解消する議論に対する立ち位置において先行研究でも評価が分かれるところである。この点について、村山は、「綴方教育は一日も早くただの綴方教育になることこそ希ましいのだ」としながら、「言語・文章をとおして行う生活教育であり、生活精神と生活技術を育て上げることが綴方が分担すべき中心的任務だ。だから表現主義的傾向も、生活主義的跛行性も、われわれはともに排しなければならない」と述べている。[8]それは、冒頭の実践例が示すように、「調べる綴方」批判の先に、生活叙情詩の再評価による生活性と芸術性、現実と夢との統一として実践的に探究されている。あるがままに描くこと、調べ、観察し、実験することとは、写実的に細かに調べるような、精神を喪失した公式主義ではなく、作者の目的意識に浸された「感情の燃焼」がなければならない。リアリズムは、内面的生活、内面的思索をくぐり抜けた対象把握であり、あるがままとは、客観的事実存在そのものではなく、我によって観られたありのままなのである。

その際、村山は、「教育がほんとうに生活教育としての成果をあげ得る時は、生産との結びつきに於いて実現される」[9]として、題材における生産面、勤労、労働材を重視している。この「生産的リアリズム」の提起は、環境に働きかける機会を都市の子どもより多く持っている、農村の子ども達が持ちうる強みへの着目である。それは、暗さの先に健康にして明るい強靭な生活意欲としての、東北地域の北方の生活台を探究するロマンティシズムでもあった。戦時下の村山の実践は、教室の学級生活を軸に展開されたが、それは直接的な社会変革や生活教育とはいえないかもしれないが、ことばによる足元の生活のリアルな認識の持つ静かなラディカルさを示すものといえるだろう。

（1）ここで取り上げる詩は、村山俊太郎「詩指導の学年的段階（二）」『教育国語教育』一九三八年七月号（『村山俊太郎著作集』（以下、『著作集』）第三巻、百合出版、一九六八年）より抜粋した。
（2）『著作集』第三巻、一四六頁。
（3）『著作集』第三巻、一四七頁。
（4）『著作集』第三巻、一三五頁。
（5）『著作集』第三巻、一三六頁。
（6）『著作集』第三巻、一三二頁。
（7）『著作集』第三巻。
（8）『著作集』第三巻、五〇頁。
（9）『著作集』第二巻、一四二頁。

【村山俊太郎に関する代表的な先行研究】

・『中内敏夫著作集Ⅴ　綴方教師の誕生』藤原書店、二〇〇〇年。
・村山士郎『村山俊太郎─教育思想の形成と実践』本の泉社、二〇一七年。

3 石橋勝治の学級経営

子どもたちに自治の力を育てる

「くずとかすの子の集まり」と呼ばれたクラスとの出会い

学校教育において、子どもたちの社会的な背景は大きな影響力を持つ。社会的な困難に直面している子どもたちはさまざまな発達課題を抱えることとなり、低学力や逸脱行動といった問題状況が生じることが少なくない。そのような子どもたちを目の前にして、教師は時に無力感にさいなまれ絶望したり、子どもたちを侮蔑さえしてしまうかもしれない。そのように周囲が見放したクラスを、巧みな学級経営によって果敢に育て上げていった教師として、ここでは石橋勝治（いしばしかつじ）（一九一一—一九九五）に注目してみよう。

一九三七（昭和一二）年、岩手県の遠野尋常高等小学校に着任した石橋を、職員室で数人の男性教師たちが取り囲んで、こう言った。「石橋先生、［中略］あの高等一年の男子の子どもたちは、遠野中学校へ行った残りかすの子どもたちだけですよ。いたずらをするもの、盗みで警察にぶちこまれた子どももいる。あれはくずとかすの子の集まりでどうにもならないクラスです。受け持ちはやめた方がいいですよ」――内心、「ひとを馬鹿にするな。これでも教師なのか。子どもたちがかわいそうだ」と激怒した石橋は、すぐに校長室に行って、「高等一年の男子のクラスを担任します」と伝えた。当校に石橋を引き抜いた三田憲校長は、「石橋。思い切ってやってくれ」と承知した。[1]

続いて教室にかけつけた石橋と子どもたちとの出会いが、次の場面である。[2]

教壇に立ったわたしは、

「こんどみなさんの学級担任になった石橋です。みなさん、わたしの聞くことに正直に答えてください。」

と前置きして、

「みなさんは遠野中学へ行けなかった残りかすの子どもたちで、学力が低くて勉強のできないくずの子どもたちで、どろぼうといたずらものの集まりだ、と先生方が話しておりますが、ほんとうにそうですか。」

と、単刀直入に聞いてみた。子どもたちは、

「そのとおりです。先生方は、おまえたちはくずとかすの集まりだと言っています。

だれも相手にしてくれません。盗んで警察に入れられたものもあるよ。」

と正直に答え、それを平気で認め、自分たちはくずとかすの扱いを受けるのはあたりまえのようにあきらめている。これではまるで人間の否定で教育権の放棄ではないか。子どもたちがかわいそうであった。わたしはこの子どもたちの確認に驚くと同時に、それならばやってやろうという勇気がでてきた。［中略］

「くずやかすといわれ、あきらめていて、それでみなさんは嬉しいのですか。」

と聞くと、

「面白くないけどほんとうだものしかたがないよ。」

ということであった。そこでわたしは、

「みなさん。そんなことに甘んじていてはならない。あきらめてはならない。みなさんは一人前にやって行ける力を持っているのだ。

わたしが担任したからには、必ず立派なクラスにして見せる。半年たったら遠野小学校で一番のクラスにして見せる。一年たったら岩手県で一番よいクラスにして見せる。わたしも全力をふるってやるから、みなさんも全力を出して、わたしといっしょにやってほしい。どうだ。やらないか。」

といったら、ぐずぐずしていたが、

「面白い先生だ。面白いや。どったにやるのす（どんなにやるのですか）。」

と乗ってきた。

ここには、どんな子どもでも「一人前にやって行ける力」を持っており、「くずやかすの扱い」を受けさせるのは「人間の否定」だという石橋の信念がうかがわれる。

自主・自律の力を育てる学習指導と学級経営

では、石橋は、どのような構想で実践に取り組んだのだろうか。石橋の教育実践は多岐にわたるが、ここでは学習指導と学級経営に焦点を合わせよう(3)。

学習指導において、石橋は、「自主、自律の力を持った人間を育てるための学習方法を確立し学習技術を身につけさせる」ことを重視した。石橋が担当した高等一年の子どもたちは、教科書を読む力も十分に身につけられていなかった。そこで石橋は、基礎学力を身につけさせるために、小学校五・六年の国語教科書の漢字の読みを復習する独自の教材を作って読みの練習をさせたり、高等一年の教科書にフリガナをふらせ、読めるようになったら消していかせたりした。教科書が読めるようになったら、読んでわかったことを何でも口に出させ、徐々に子ども同士が隣同士で、さらには分団(グループ)で、学習討論をできるように育てていった。

このような学習技術を基盤として石橋が追求したのは、「討論と探究の学習」である。

石橋は、①教材単元の学習目的をつかむ（つかみ方を学ぶ）、②共同で計画する方法で、学習目標について相談する、③学習目的に沿って週間・月間の学習計画を立て、学習を進める、という取り組みを重視した。たとえば、ペスタロッチか吉田松陰の単元だとしたら、「どんな考えの人か。何をした人か」という課題を設定し、「どういう方法で調べるか、解かるか」を教師と子どもで検討して、学習計画を立てる。それに基づき、独自学習で調べ、分団（グループ）学習で話し合い、学級全員で結論を導き出していく。学習作業はノートを中心として行われるとともに、文集や生活画、新聞などの作品も生み出されていった（図1参照）。また、子どもたちの読みものとなるように、「雑誌類」「参考書になるもの」を

図1　若松小学校の石橋学級

出典：石橋勝治 全仕事 編集委員会『石橋勝治 全仕事―理想を求めて―』日本標準、1995年、巻頭。石橋は若松小学校に1942年4月から1946年3月まで在職した。

家庭から集めることで、「学級図書館」も作られた。

並行して石橋は、「人間と人権回復の学級経営」を展開した。先の引用であった「盗み」を働いたのは、「問題児」とされていた中山一郎であった。一郎は勉強が嫌いで、六年までに盗みで何度も警察に引っ張られていた。一郎の「自己解放」を追求すべく、ある日、石橋は一郎に「おまえ紙芝居をやらないか」と尋ねた。紙芝居は、当時、子どもたちに人気の娯楽だった。一郎の「うん、やりたい」という返事に「しめた」と思った石橋は、最初の学級自治会を開き、子どもたちに、「一郎君は勉強はきらいだが、紙芝居ならやりたいと言っているんだよ。どうだ一郎君に紙芝居をやってもらおうと思うんだけど」と提起した。子どもたちは皆賛成し、紙芝居を書く人として三人が決まった。また、物置となっていた三角部屋が紙芝居の舞台などを作る作業場（「子ども工場」）となった。

漢字が読めない一郎のために、すべての読み文字が平仮名で書かれた紙芝居を、一郎は誰もいないところで何度も何度も練習した。四月末から七月にかけて、次々に作られた紙芝居を一郎は実演し続け、後輩の子どもたちに大人気となった。

九月になると一郎は、「紙芝居はあきた。紙芝居だけしていないで勉強したい」と言いだした。待ってましたと石橋は受けて立ち、三年生の国語の教科書の漢字から指導し直していった。一郎は大変な熱心さで勉強に取り組み、一〇月には高等一年の教科書を見事に読み通せるようになった。同級生たちは我がことのように喜び、拍手で祝った。

一郎のいたずらや暴力、盗みの背後には、実は厳しい家庭環境があった。一郎は、朝の三時、四時に起きて家畜の餌やりや下肥運び、草刈りなどの労働をしていた。石橋は、一郎の逸脱行動は、父親が叱るときには焼き火箸で尻にお仕置きをされるという環境で育っていた。石橋は、一郎の逸脱行動は、父親への反逆だったと捉えている。一郎の綴方には、なかなか盗みをやめられず、心の中で締めつけられるように泣きつつも、自分の悪癖は「なおらない」と思っている様子が書かれている。石橋は、時には一郎を食事に招いて家庭の温かさに触れさせ、「君には悪い心だけがあるのではない。うんと働くよい力や、ひとをかわいがるよい心や、よいことをしていこうというきよい心や、おばあさんにすまないという、すなおな心もちが、ちゃんとあるんだ」と励ました。級友たちが一郎を邪魔者にせず、一郎の労働を手伝いに行くなどしたことで、父親の行動も変化し、一郎の盗みもなくなっていったという。

一郎を中心とした学級経営は、周囲の子どもたちを育てるものともなっている。自治会では、生活の中で生じた様々な問題の解決方法を子どもたち自身が考え、実際に行動に移していった。そのような生活の様子は、子どもたち自身がガリ刷りの原紙に書いた学級新聞において報告・共有された。子どもたちの綴方は児童文集にまとめられ、二カ月に一冊ぐらいの割合で発行された。

生産教育という視点

石橋は、自分の実践の指針をどのようにして得たのであろうか。

石橋は、一九一一（明治四四）年、岩手県大船渡の半漁・半農を生業とする家に生まれ、幼いころから労働になじんで育った。報徳教育を実践する校長の小学校・高等小学校、並びに岩手県立盛岡農学校で学んだあと、一九二九年に岩手県師範学校本科第二部に入学。その後、専攻科に進学し、デューイ（Dewey, J.）の教育思想に学んだ千喜良英之助の指導を受けた。

半年間、短期現役兵として勤めた後、一九三一年に大船渡尋常高等小学校に着任。郷土調査をした成果を発表する大展覧会を開いて町民から大好評を博するなど、郷土教育を実践した。三五年、花巻市花城尋常高等小学校に転勤。学級で「図書館」建設に取り組む際の費用の捻出に苦心していたところ、子どもたちから「ドジョウ取りをするといい」と提案された。必要な費用を儲けることには失敗したものの、ドジョウ取りの際に指示がなくても動く子どもたちの姿を見たことによって、石橋は「子どもたちの要求」で活動を始めることの重要性を実感することとなった(4)。

一九三七年に、岩手県遠野尋常高等小学校に転任。先に紹介した高等一年の男子組の子どもたちは、一学期のうちに学級活動についてはほとんど自分たちでできるところまでに育ち、さらには学級自治会が母体となって全校自治会を組織したり、地域子ども会を指導・運営したりするようになっていった。高等一年三学期には、遠野の現状を模型化し、実態を踏まえて将来を考えるための遠野郷土室を創り上げた。高等二年の時には、全県下に学校公開をしたり、岩手県学務部の総合視察を受けたりして、高い評価を得た。

岩手で在職していた頃の石橋は、『教育論叢』『郷土』『生活学校』『綴方倶楽部』『教育・国語教育』『新興教育』などの雑誌に学び、『教育論叢』などには自身の実践について寄稿もした。また、児童の村小学校の野村芳兵衛（第2章4参照）や、生活綴方教師の鈴木道太などと交流も持った。石橋の実践には、千喜良から学んだデューイの発想に加え、郷土教育、自由教育運動、生活綴方教育などからの影響がうかがわれる。[5]

しかし、石橋の実践がひときわ異彩を放っている点として、「生産労働と結合した教育」（生産教育）を重視していることがあげられる。石橋は、「社会は労働と生産によって成り立っているとしたら、教育はその労働や生産と切り離されて行われたのでは本当の教育とはならない。〔中略〕子どもたちが労働をし、その労働の中から知識を得、生産技術を持ち理解することは教育の中で最も根本的なものであると考える」と述べている。遠野では、たとえば「蚕を飼育しまゆになるまでの知識を覚え、飼育の方法技術を実践によって身につける」、「学級員がまゆを売り学級でまとめ生産金を学級の経営、学習に使用する」という二点を目標とした取り組みが進められている。実際にこの活動に取り組んだ子どもの綴方には、買う人に褒められるほどのまゆを育てたことや、さまざまな生産でためたお金で学級で必要な時計を買ったことなどが書かれている。(6) 城丸章夫は、石橋の教育実践は、当時の農民が持っていた「勤労主義的」・「農本主義的」主張と「独立自営の農民となる願い」を下敷きにして、その上に「デューイの哲学観・教育観・学校観を重ねたもの」だと評している。(7)

集団学童疎開と、社会科・全校自治会の実践

一九三三（昭和八）年、石橋は東京に移り、浅草区正徳小学校に赴任。三七年に結成された教育科学研究会の学級経営部会のメンバーとも交流した。四〇年には深川区深川小学校に転任したが、当時、すでに当校では軍国調の実践が行われていた。四二年、杉並区若杉国民学校に転任。「自主学習法」の実践によって、希望通りの中学校に進学させるという実績をあげた。

一九四五年には、長野県に集団学童疎開が行われ、寮長となった石橋は、子どもたちによる「集団自治」の形で寮を経営した。子どもたちの手で農業に取り組んで、栄養不足を補い、シラミ対策のために風呂場を建設するなどに取り組んだ。

終戦後、一九四六年には、四谷区四谷第六国民学校に転任。日本社会の解決すべき課題を基準として題材を選び、児童の心身の発達に留意して配列するという、独自の社会科を

構想・実践した。[8] さらに、自分たちの生活の問題を自分たちで協議・計画・解決・実行することを目的とした全校自治会が組織された。[9] NHKのニュース映像には、文部省に行って、毎日の給食を無料でやってほしい、といった要望を提出する様子が残っている。[10] また四七年には、石橋の実践をモデルとして、映画『こども議会』が制作された。同年には、文部省社会科教科書検定基準作成委員にも就任した。

石橋の実践については、認識を指導する社会科と行動を指導する自治会活動の区分を不明確にした点では問題があったことが指摘されている。[11] 確かに、特に戦後の石橋の実践は、社会運動に子どもたちを動員するもののようにも見える側面がある。一九五〇年に石橋は、レッド・パージにより学校を去ることとなってしまった。

しかし、戦前の石橋の実践は、社会から見捨てられていた子どもたちが学校内で、さらには学校を越えた社会での「労働と生産」に参画することで自主・自律の力を伸ばしている姿を見せている点で、今なお輝きを放っているといえるだろう。

(1) 石橋勝治『戦前戦後を貫く　民主教育実践の足跡』(以下、『足跡』) 日本標準、一九七二年、一三〇頁。および『石橋勝治著作集』(以下、『著作集』) 第一巻 (自治・自主教育の開拓―戦前編―) あゆみ出版、一九八四年、一五五―一五六頁。なお、石橋勝治他『実践遠野教育物語―いまに生きる自治の経営と自主学習―』(日本標準、一九九二年)、および石橋勝治 全仕事 編集委員会『石橋

勝治 全仕事―理想を求めて―』(以下、『全仕事』)(日本標準、一九九五年)収録の石橋の遺稿「私の教育実践」にも、実践の様子が記録されている。
(2)『足跡』一三二―一三三頁。『著作集』第一巻、一五六―一五八頁。
(3)以下の記述は、主として『著作集』第一巻に基づいている。
(4)植田一夫『子どもを権利主体に育てる―石橋勝治の教育実践をもとに―』日本標準、二〇二一年、四〇―四一頁参照。
(5)同右書、一八―六六頁参照。
(6)『著作集』第一巻、二四五―二七五頁。
(7)城丸章夫「解説」同右書、三四八頁。
(8)『著作集』第六巻(科学的社会認識を育てる社会科教育―戦後編―)参照。
(9)『著作集』第五巻(生活・学習一体の自治会指導―戦後編―)四〇頁。
(10)NHKニュース映像「日本ニュース 戦後編 第59号」(「新大臣へ――学童のお願い」一九四七年二月二五日)。https://www2.nhk.or.jp/archives/shogenarchives/jpnews/list.cgi?value=1947(二〇二三年二月一日最終閲覧)
(11)竹内常一「解説」『著作集』第五巻、二七六頁。

【石橋勝治に関する代表的な先行研究】
・石橋勝治 全仕事 編集委員会『石橋勝治 全仕事―理想を求めて―』日本標準、一九九五年。
・植田一夫『子どもを権利主体に育てる―石橋勝治の教育実践をもとに―』日本標準、二〇二一年。

4 小砂丘忠義と生活綴方

自由の境地に立つための教育

綴方は人を自由にする

小砂丘忠義（本名笹岡、一八九七―一九三七）は、「生活綴方の始祖」[1]とよばれ、雑誌『綴方生活』（一九二九―三七）の主宰者として、生活綴方運動を推進した人物である。自らの信念を曲げることを嫌った小砂丘は、高知師範学校でたびたび教師とぶつかりながらも卒業し、一九一七（大正六）年東本山村杉尋常高等小学校で教職生活をスタートした。彼は後に見るようにユニークな教育を行ったが、なかなか校長や視学から理解が得られず、転勤を繰り返した。教師生活の八年八か月で七校に勤務している。一九二五年に上京し、池袋児童の村小学校（第2章4参照）訓導の肩書きを持ちつつも以後教壇には立たずに、編集者として全国の子どもたちの綴方に埋もれてその四一年の生涯を終えた。

小砂丘は、教師になった当初から、「革命は土佐の山間より」の語を繰り返し述べていたという教え子の記述がある。彼は社会の状況から学校教育の役割を考え、綴方を教育の中心に置くことにした。その理由を、以下のように述べている。「綴リ方ハ図画ト共ニ人間ヲ芸術家ノ境地ニ立タシメルモノデアル。手工、裁縫ハ同ジク発表教材ナレドモ質ニ於テ自由ヲ限定サルル形アリ。唱歌ハ耳ノ訓練、口舌他諸官ノ訓練ノ足ラヌ児童ノタメニヨリ困難デアッテ又ヨリ自由ガ限定サレテ来ル。人ハ自由ノ境地ニ立ッテ始メテ偉大ニナリ得ル」(2)。つまり、子どもを自由の境地に立たせることを教育で重視したのである。

ただし、彼は子どもたちを放任するのではなく、さまざまな優れたものを示して「みんなよいと思う方へ進め」(3)というのが児童本位であると考えていた。「殆ど範文扱までされた国語読本がまず、何の例外なしに完全に死にきった文章であったこと」(4)などによって、模範文どおりに書くことが得意な優等生ほど、これまでの綴方からぬけだすのに時間がかかった。時には、雑誌に掲載された作品を写す子どももいたが、周りの周囲の子どもたちは、それに鋭く反応した(5)。

(他の子どもから)「他人のをぬすんで書きやしいよいじゃいか(たやすいことじゃないかの方言)」といわれた時の(盗作した)当人の自責と後悔の念でいっぱいになった顔を見た時には私もはっとした。彼らの制裁は実に簡潔である。そしてそれっきり

後は何もない。「……自分の好きなのがあったら、その作者の名をかいて出す様にしよう」といったことだ。（括弧は引用者）

小砂丘は、従来の教育における「優等生」ほど自由に書くことに苦労するということを実感しながら、自らの教材や教育方法を工夫し、文集を中心にした教育を行った。図画の授業で写生を取り入れ、村では販売されていなかったクレヨンを子どもたちに自由に使わせ、自分も子どもたちと一緒になって、もっぱら校外で写生をした。彼の回想から、写生[6]の時の見取枠の話や写真屋さんが広い自然の中から風景を選び出して写す話などをして、題材の選び方、物の見方を指導したことがわかる。作品は丁寧に批評し、額縁に入れて壁[7]に飾った。当時は文部省の画帳に載っている水彩画や鉛筆画の模写が一般的な図画の授業であったから、大胆な実践であった。

子どもがつくるオルタナティブな教科書としての文集——表現と生活を育てる

彼は、文集の作成と読み合いを指導の中心においた。文集が出来上がると、「二三時間割いて読んだり雑談したり」[8]して、「修身にも地理にも歴史にも代用」[9]した。しかも、その文集作成の中心を、教師から子どもへと移行していった。

学級を持ち上がりで担任することができた一九二三～二四（大正一二～一三）年度（長

岡郡岡豊尋常小学校五〜六年）には、クラスの子どもたち全員と「蒼空句会」を作って、文集に載せる俳句の選出はすべてそこでおこなった。彼は子どもたちが作品を選ぶ場面では自分の評価の視点を押しつけるような態度は一切とらず、彼らの評価を尊重した。「蒼空句会」では、小砂丘も子どもたちと同じように句を出し、選を行った。これを小砂丘は「相互選句」と読んでいる。[10]

「青空句会」は、係の子どもが、作者名を伏せて、みんなの句を黒板に書き並べ、それを子どもたちが一つ一つ取り上げて意見を出し合いながら点を加えていくという方法をとる。名前を伏せることで、気兼ねなく作品評価することが可能となっている。小砂丘も、子どもたちと同じように句を出し、選をした。小砂丘の句に対して「先生（の句）か、分からん俳句じゃと思った」というような率直な批評もあったと小砂丘は回想している。[11]

小砂丘は、文集『蒼空』で「みんなの文にはみんなの一人一人の心があらわれていなければならんと思います。やはり、これは、この人でなければかけぬという様な文がよいのです。字は、これは高橋、これは重、これは紀、これは弘とわかるが文もそこまでいきたいと思います。名前さえかえればだれの文にでもなれるようなのはよくない文です」[12]と指導している。教科書ではなくその人らしさをよい文章の基準としていることがわかる。

掲載作品の選出だけでなく、文集の印刷、作成も、子どもたちへと移行していった。文集『蒼空』は、当初、編集・発行がすべて「小砂丘忠義」であったが、第六号（一九二四年二月発行）以降「蒼空係り」という奥付が見られる。「表紙やカットを書く子供、曲譜をつける子供、童話を書く子供、みんながめいめい、自分のやることを持ちよってできた雑誌」[13]であり、小砂丘は謄写版などを使う部分を担当して蒼空係を助けながらも、[14]子どもたちが主体となって発行した。

このような文集づくりを中心とした活動を積み重ねる中で、子どもたちは小砂丘の手をまったく借りないで文集を出したいと言いだした。「第一号の用紙や原紙、インキなど買う金だとて精細な計算をしている。［中略］翌朝きれいに二十頁近くのものだったろう。書き上げて来たには又驚かされた。［中略］全く彼らの自分の手になったこの文集を非常にうれしかった」[15]と彼は述べている。

文集制作の様子

出典：高知県大豊町教育委員会所蔵資料（1919年頃。右手前に座っているのが小砂丘）。

彼の文集を通じた指導は、子どもたちが自由に表現し、文集（発表の媒体）も編集する力を育てた点で、自由な表現と自治の力を育てるものであったといえよう。

表現指導と生活指導——綴方指導の目的は何か

小砂丘が教師であった大正期には、明治期の形式主義的な作文教育をようやく抜け出し、指導の系統化が模索されていた。文学の世界では言文一致体が広がり、子どもの学習を支える道具として鉛筆と紙や謄写版が普及するなど[16]、作文教育の改革を支える状況の変化も大きかった。

大正期における作文教育の変化に大きな影響を及ぼしたのは、樋口勘次郎（一八七一―一九一七）の『統合主義新教授法』（同文館、一八九九年）である。樋口は作文教授の中心に自作文をおき、児童に自由に文を作らせる自由発表主義作文教授法こそが重要であると主張した。続いて、芦田恵之助（一八七三―一九五一）は『綴り方教授』（目黒書店、一九一五年）において、「随意選題」を主張し、友納友次郎（一八七八―一九四五）との間で論争を行った（第1章第2参照）。綴方には国定教科書がなかったため、比較的自由な実践がしやすかった一方で、どのように指導をするのかの指針が欲しいと、系統案の作成が求められてもいた[17]。

小砂丘は自らの教師時代には、すでに述べたように子どもにとっての表現の自由や自治的な文集作成を行っていたが、上京した後にも同様の立場をとっていた。教師向け雑誌『綴方生活』、子ども向け雑誌『鑑賞文選』『綴方読本』などで、子どもたちの作品や教師たちの論考を掲載し、各地の綴方教師の交流・組織を促しつつ、自らの主張も行った。

彼は、綴方指導について、「自由に筆を駆使することも望ましいことにはちがいないが、それが綴方の目的ではない」[18]といい、表現技術の獲得よりも、子どもの生活を充実させることが重要だと述べた。「肝腎の子供の生活は、国定教科書と先生の頭とで規定されてしまっている」、「恰も縊られた鵜が魚を啣む類である。物を見、物を聞いたとき、はつらつとして動く心、ピチピチと感動する心、それが第一に培われなければなるまい」[19]と言う。つまり、子どもの生活と内面の自由、意欲を重視するのである。

ただし、これは綴方のみで背負う課題ではない。彼は、「高木さんのくるしみ」という当番活動で仕事を押しつけられている友達について書いた作品を通じて、「地理や修身や国語やの全教科が、校長はじめ各訓導の全教化が、郷土や国家の全感化が、その批評をうくべきである。」「綴方をかいた場合、その綴方には、全教育の総量が含まれている」[20]と主張し、当時の公教育で一般的であった子どもに対するねぶみとしての評価から脱却して、教師や学校、さらには地域や国家のあり方こそ評価すべきであると主張した。この点について、中内敏夫は日本における教育評価の源流と位置づけた。

技術重視の主張と生き生きとした言語を生み出す主体の重視

ところが、小砂丘は一九三六（昭和一一）年頃から「綴方は文章を書く技術を練磨する学科である」[21]と定義し、生活や作品の鑑賞を軽視してはいないと断った上で、「実際問題として考える場合、かかること（生活を重視するかしないかということ）は程度の差であって、本質的に違ったことではない」[22]と述べ、綴方観に修正を加えたいと述べた。彼は、卒業するときに手紙も書けないという批判が起こるのは、指導者が文章技術の指導を怠っているからであり、現今の綴方指導においては、「きまりきった技術的なことは出し惜しむことなく、真向から子供に注入するがよい」[23]とすら述べた。

一九三六年五月には小著『文章記述の常識』の大半で記述上の規則を説明している。しかし、この書は単なる文章記述規則の説明の書ではない。冒頭の「国語と国家」では、変化してゆく言語は個人においても生活意欲の表れであり、子どもと老人の言葉の差がそれを雄弁に物語っているという。標準語と方言についても、「今日の標準語とはいわゆる小学校の教科書ことばであつて、［中略］完全なる東京の方言に外ならぬ。が上述の如き言語の変遷はこの標準語をも根本から揺り動かして行くはず」[24]とさえ述べている。

これらをふまえると、小砂丘の主張は、子どもの意欲重視から上手な表現を書ける技術重視の立場への、単純な転向を示したものではなかった。[25]志摩陽伍（しまようご）は、生活綴方における表現技術について、子どもがよりよく生きるために必要な技術であり、生活技術として捉えられていたと述べる[26]。小砂丘においては、一見その標準語の技術を教える科目として綴方を位置づけるように述べながら、真意はむしろ生き生きとした言語を生み出す自由な主体を育てる教育を求める姿勢を貫こうとしていたのではないか。小砂丘自身が述べるように、当時、学校は標準語で記述された国定教科書を通じて教える場であった。その場にあってなお、子どもが生み出す生き生きとした言葉を育てるにはどうしたらよいかの模索を、小砂丘の主張から読み取ることができる。

　小砂丘は、若かった頃の自分について、教育を通じて社会を変えることができることを信じていた「のんき者」であったと回想している。その記述からは、教育を通じた社会改造を諦めたかのように読める。しかしその後も、こうした小さな書物にも、子どもの生き生きとした言葉を育てることを手放さず、国家のあり方まで展望する姿勢は貫かれていた。

　その後、生活綴方は弾圧されたが、戦後に復興した。戦後の生活綴方実践の諸相については、『時代を拓いた教師たち』（日本標準、二〇〇五年）所収の無着成恭、東井義雄、仲本正夫に関する論考、『時代を拓いた教師たちⅡ』（日本標準、二〇〇九年）所収の田宮輝夫、小西健二郎に関する論考を参照していただきたい。

（1）日本作文の会編『生活綴方事典』明治図書、一九五八年、五八七頁。

(2) 小砂丘忠義「綴リ方ノ極北」『附属小学校初等教育研究会(国語科)研究発表梗概』一九二一年一月(『小砂丘忠義教育論集』所収。以下、『論集』)上、一九九三年、三二頁。
(3) 小砂丘忠義「主張二」『極北』第2号、一九二一年七月。
(4) 小砂丘忠義「私の綴リ方生活」『教育の世紀』第四巻第九号、一九二六年九月、一〇五頁。
(5) 同右書、一一二頁。
(6) 山本鼎(第1章1参照)が第一回児童自由画展を開くのは一九一九年のことであり、小砂丘の写生指導はこれとほぼ同時期である。
(7) 小砂丘、一九二六年、一〇五―一〇六頁。
(8) 同右書、一一二頁。
(9) 同右書、一一二頁。
(10) 上京してからの小砂丘の作品評価基準についての研究には、佐藤さつき「一九二〇~三〇年代における綴方作品評価基準の史的展開」(『一橋研究』第一二巻第二号、一九八七年七月、六五―七九頁)がある。ここでは小砂丘が自己の内面における吟味、思考、逡巡の過程の表現、生活意欲の強弱によって作品を評価したとされる。
(11) 小砂丘、一九二六年、一〇九頁。
(12) 文集『蒼空』第八号編集後記、一九二四年三月二五日。
(13) 小砂丘、一九二六年、一一二頁。
(14) 文集『蒼空』は、十三号まで小砂丘の筆跡であるため、そこまでは小砂丘が謄写版を使っていたと考えられる。
(15) 小砂丘、一九二六年、一一三―一一四頁。

(16) 佐藤秀夫「学習史における文具」『教育の文化史　二　学校の文化』阿吽社、二〇〇五年、一七一―一九三頁。

(17) 小学校教師の指導系統案については、以下の研究が参考になる。高森邦明『大正昭和初期における生活表現の綴り方の研究――東京高師付属小学校教師の実践と理論』高文堂出版、二〇〇二年。前田真証「大正後期における綴り方教授細目の考察」『福岡教育大学紀要』一九八四年など。

(18) 小砂丘忠義「作品に表はれたる現代綴方の功罪」『綴方生活』創刊号、一九二九年一〇月、四五頁。

(19) 同右書、四八頁。

(20) 小砂丘忠義「全教育合力の上に立つ綴方」『綴方生活』第四巻第八号、一九三二年一二月、二三頁。

(21) 小砂丘忠義「綴方は綴方の角度から――綴方観の小さな修正として」『綴方生活』一九三六年八月、二〇頁。

(22) 同右書、二〇頁。

(23) 同右書、二二頁。

(24) 小砂丘忠義『文章記述の常識』文園社、一九三六年、一三頁。

(25) 碓井岑夫は、小砂丘のこの変化について、「初期の『生活重視』の立場と比較すると、『表現技術重視』の立場にたっており、それを必然的にさせる綴方教育界に混迷を見る彼の状況認識があった〔中略〕そこには彼の綴方教育運動に対する厳しい反省が表現されている」と評価した。碓井岑夫「小砂丘忠義の綴方理論とその転回――『綴方生活』誌を中心に」『季刊教育運動』あゆみ出版、一九七七年、八四頁。

(26) 生活綴方における生活技術と表現技術については、志摩陽伍『生活綴方と教育』青木書店、一九八四年が参考になる。

【小砂丘忠義に関する代表的な先行研究】

・川口幸宏『生活綴方研究』白石書店、一九八〇年。

・川地亜弥子「生活綴方における教育評価論の誕生――小砂丘忠義の理論と実践を中心に」大阪電気通信大学『人間科学研究』第九号、二〇〇七年、一―一四頁。

・太郎良信『生活綴方教育史の研究――方法と課題』教育資料出版会、一九九〇年。

・中内敏夫『中内敏夫著作集 Ⅴ 綴方教師の誕生』藤原書店、二〇〇〇年。

5 峰地光重と「生活」本位の教育

「生活指導」の成語化と転生

「生活指導」の成語化

峰地光重(みねじみつしげ)を日本の教育実践史上で著名にしたのは、今日では多面的な発展を遂げつつある「生活指導」という用語を初めて成語化したことによる。それは、峰地の中央教育界への出世作である、『文化中心綴方新教授法』(教育研究会、一九二二年一〇月)の中にある、次の一節である。(1)

文は立派な魂がなければ、立派なものが出来ないのだから、誰でもその日常生活の中に、真の経験を積んで立派な魂をもつ人にならなければならない。

しかるに児童はどちらかと云えば、その生活を至って放漫な態度で過ごしている場合が多い。そこでその生活を指導して、価値ある生活を体験するように導かねばならない。生活指導をぬきにしては綴方はあり得ないのである。従来綴方の成績が思わしく上進しなかったのは、この生活指導ということが殆ど顧みられなかったことが慥かに一因をなしていたのである。（傍線は引用者）

峰地光重

出典：『郷土教育と実践的綴方』郷土社、1932 年、巻頭。

峰地によれば、「生活指導」を表現指導の上位に位置づけ、教材を生活事実そのものとし、まさしく後の「生活綴方」への「かけ橋的基礎作業」を行ったと述べている[2]。また、同じく、「綴方を単なる技能化としないで、人生科として生かさなければならないのである」[3]とも表現している。峰地によって成語化された「生活指導」は、当初はあくまでも綴方のあり方（「生活指導綴方」）として提起されたことを確認しておきたい。

このような着想は、三年後に発刊される『文化中心国語新教授法』（上下）（教育研究会、一九二五年）において、「生活」を上位概念として位置づける「生活学習」の構想として発展することになる[4]（図1参照）。その本質的な意味について「生活をあげて学習と見ることは、児童の自発活動を最高原理とするものでなくてはならぬ。何となれば生活とは、生命が対象に溌剌として自由に交渉する相であり、而して生命が対象に交渉する活動は自

図1　「生活学習」の構想

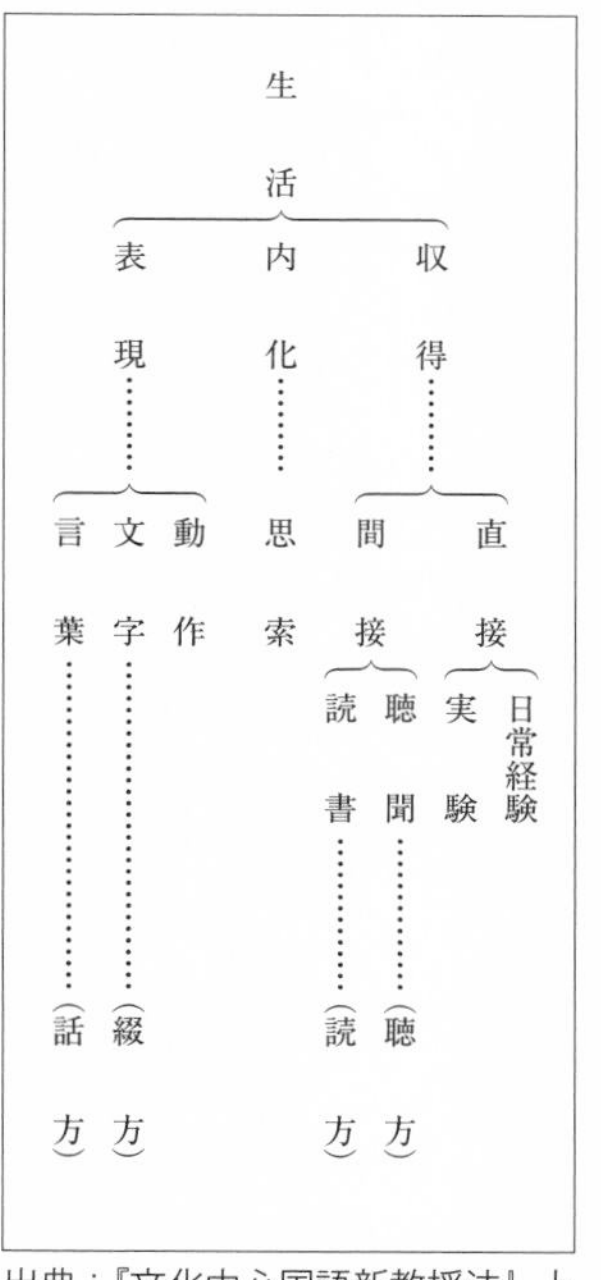

出典：『文化中心国語新教授法』上87頁。

発活動であるからである。」(5)と説明している。峰地の「生活（または「場」）」概念は、デューイ（Dewey, J）の主客交互作用（transaction）からなる「状況（situation）」概念と通底していると考えてよいだろう。さらには、「与えられたる一つの文化財は、それが如何に生活を豊富にし、生命を生かすかの実感があってこそ、価値があり、存在の意義がある」(6)としており、児童の自発活動は自由放任ではなく、文化のもつ陶冶力にも目配りしている点にも注目しておきたい。したがって峰地が同書で示す「生活学習」の構想においては、「収得」「内化」が明確に位置づけられているのである。この構想は、後年になってさらに精緻化・具体化されていくことになる。

　ここで、峰地の略歴を簡単に紹介してみよう。峰地は、一八九〇（明治二三）年七月、手作り小地主層に属する林原豊蔵・とよの二男として、鳥取県西伯郡光徳村大字豊成四十三番屋敷に産まれた。峰地は、一九一一年三月、鳥取県師範学校本科第一部を卒業し、同年二〇歳にして西伯郡庄内尋常高等小学校主席訓導として赴任する。その後一九一九年に赴任した高麗小学校時代の成果をまとめた『最新小学綴方教授細目』（児童研究社、一九二二年）が大反響を呼んだ。さらに、志垣寛の紹介による峰地の中央教育界への出世作となる、先述した『文化中心綴方新教授法』を発刊することになる。なお、峰地二八歳の一九一九年一二月に峰地いのと結婚し、婿養子となり、林原姓から峰地姓に改姓する。

その後、一九二三年五月に鳥取県師範学校附属小学校訓導となり、『赤い鳥』の鳥取版といわれた文集『小鳥』の編集や児童劇など、芸術教育に熱心に取り組むようになる。その翌年の一九二四年八月に、三四歳の峰地にとって大きな転機となった東京池袋児童の村小学校訓導として招聘されることになる。池袋児童の村小学校訓導時代は短く、一九二七年四月には帰県し、東伯郡上灘（うわなだ）尋常高等小学校訓導兼校長となる。まさしく、「峰地の上灘か上灘の峰地か」と称せられるほどに、ものづくりを中核とする郷土学校経営の実践に邁進する。

峰地五一歳の時の一九四二（昭和一七）年四月に、村山俊太郎との交流に嫌疑をかけられ、全国的な綴方教師弾圧事件に巻き込まれて検挙され、以後退職し、一九五二年四月に、野村芳兵衛の推薦によって岐阜県多治見市池田小学校廿原（つづはら）分校に助教諭として勤務することになり、その実践記録『はらっぱ教室』（百合出版、一九五五年九月）を発刊する。一九六五年二月には広島大学教育学部よりペスタロッチ賞を受賞し、続いて一九六五年一一月に鳥取県教育委員会より一般教育功労賞を受賞し、一九六八年一二月享年七八歳で死去する。峰地の精力的な文筆活動の成果は、復刻版『峰地光重著作集』(全一八巻、けやき書房、一九八一年)として公刊されている。本小論では、戦前期の峰地の教育論に焦点を当てたい。

自由選題主義と課題主義を止揚する生活指導綴方の系統案

峰地自身の作文・綴方教育経験を踏まえて上梓された『綴方教育発達史』(啓文社、一九三九年)によれば、峰地が発した「生活指導綴方」は、峰地の高麗小学校時代にピークに達していた芦田恵之助と友納友次郎との間で勃発した「随意選題論争(一九一八—二二年)」を「止揚」するために提起されたものである。

峰地によれば、芦田の主張は「主観主義の思潮」、友納の主張は「客観主義の思潮」と大胆に受容・整理したうえで、「主観と客観とを生活の中に内包させて、組織したのが、所謂(いわゆる)生活指導の綴方なのである」[7]と主張する。

峰地による初期著作である前出の『最新小学綴方教授細目』と『文化中心綴方新教授法』の中で、この立場は「創作教材(自由作)」と「指導教材(範文、文話、課題など)」をバランスよく配置した系統的な綴方案として構想されている。峰地の場合には、綴方教育において、創作力を啓培する「指導教材」を明確に位置づけ、その系統化においては「基本的

指導教材（「生活指導」の教材）」と「附帯的指導教材（「表現指導」の教材）」とを分けている点に特徴がある。(8)

この場合の生活指導綴方とは、「生活指導」は綴方指導のあり方との関係性（つまるところ「表現のための生活指導」の文脈）で語られているものである。峰地の整理でいえば、「記述前の生活指導〈文話・範文指導〉→表現〈記述〉→記述後の生活指導〈鑑賞・批評指導〉」(9)であって、峰地にとっての次のステージとなる「生活のための生活指導」さらには「生活綴方」に至るには、峰地自身の児童の村小学校赴任を経由しての上灘小学校赴任を待たなければならなかったのである。

児童の村小学校での経験

「土の文化」や「土着教員」を自負していた峰地が、大都市東京の新中間層家族を母胎とする私立池袋児童の村小学校に転任する際（一九二四年）には、大きな反対と苦痛と躊躇があったことだろう。(10)

しかしながら、峰地にとって、この児童の村小学校赴任から得たものは大きく、そのひとつは、児童の村小学校創設者の一人である下中弥三郎（しもなかやさぶろう）が設立した文園社から発刊された児童綴方雑誌『鑑賞文選』（一九二五年六月創刊、一九二六年九月から小砂丘忠義が編集）のスタッフとなることによって、小砂丘忠義、野村芳兵衛、上田庄三郎（うえだしょうざぶろう）、小林かねよとの接触交流が始まり、全国的な視野から先進的な綴方論を学ぶ機会を得たことである。もうひとつは、峰地の実践経験から、児童の村小学校の子どもたちが「お話好き」であることがわかり[11]、峰地の教育実践のもう一つの柱である「話聴教育」に目覚め、後に筆者畢生の著作とされる『聴方話方教授細目と教授資料』（徳岡優文堂、一九三五年）[12]に結実することになったことである。

先述した『鑑賞文選』の親雑誌である『綴方生活』が文園社より創刊されるのは、一九二九年である。志垣寛が主宰し、小砂丘忠義が編集にあたり野村芳兵衛、上田庄三郎が協力者として参画している。ただし、峰地はこの時期、すでに帰郷（一九二七年）しており、直接には編集事務には当たっていない[13]。

この創刊された『綴方生活』の第一巻第一号（一九二九年四月）には、巻頭に「吾等の使命」〈第一次宣言〉が掲載されている。続く『綴方生活』の第二巻第一〇号（一九三〇年一〇月）にも、誌の方針を示す「宣言」〈第二次宣言〉が掲載され、この第一次と第二次との間には、いわゆる「文園社争議」が勃発し、志垣寛から小砂丘忠義に編集主幹が交代することになる。

両方の文面には表面上には大きな差異がないように思われる。たとえば、「『綴方生活』は教育における『生活』の重要性を主張する。生活重視は実に吾等のスローガンである。」（第一次宣言）と、「綴方が生活教育の中心教科であることを信じ、共感の士と共に綴方教育を中心として、生活教育の原則とその方法とを創造せん」(第二次宣言)とあるように、ともに「生活」の重要性と綴方の役割を重視している。しかしながら、「第二次宣言」にある「社会の生きた問題、子供達の日々の生活事実、それをじっと観察して、生活に生きて働く原則を吾も掴み、子供達にも掴ませる。本当な自治生活の樹立、それこそ生活教育の理想であり又方法である。」という表現に着目すると、「つづった結果を、教師が子どもを知り、子どもとむすびつく『手段』として利用するだけではない。つづるしごとそのものを『生活に生きて働く原則』を子どもに『掴ませる』、〔中略〕かれらの『本当な自治生活の樹立』をはかる過程として機能させてゆくとする立場」[14]と考える「第二次宣言」こそ、「綴方教師の誕生と生活綴方成立史上看過してはならない事件」[15]であったとされている。つまり、綴方を子どもたちの生活を把握する単なる手段とみるのではなく、綴る行為自体を子どもの自立・自治を促す営為とみる綴方観の成立こそ、「生活綴方」誕生のエポックとなったとする解釈である。

ところで、帰県していた峰地は、自らも記名した「第二次宣言」直後に、起草者と目される小砂丘に対して違和感を表明している。「第二次宣言」にある「綴方が生活教育の中心教科であること」という表現に対して、「教育の中心は『生活』なのだ。生活が、教科に支配され奉仕してはならない。」[16]と述べ、子どもたちが直面する生活は、教科の枠内に包含されるほど単純なものではないと主張する。峰地の念頭にあった「教科」とは、当時の法令で画一化されていた国定教科書や教授細目が想定されていたことであろう。

ただし、児童の村小学校における峰地の綴方実践においては、先述した「第二次宣言」の核心となる萌芽が内包されていた。峰地は、自らの実践を振り返って、「結果を見ただけではとても分からないものが、作品の中にはこもっている。それを知らないで、児童の作品に甲や乙とか云う簡単な評語をつけて来た昔の私を今戦慄する。」[17]と語り、「綴方に於ける生活指導ということも要するに綴方それ自身が立派な生活となることが目標とされなければなるまい」[18]と述べ、児童の村以前にはなかった「文章表現活動自体を生活として評価する、という視点」[19]を獲得し、「綴る」行為を手段視することなく、「綴る行為」それ自体の中に子どもたちの自立・自治の契機を見いだしていたのである。

峰地にとって、児童の村小学校における経験は、多産的なものではあったが、やはり都会の中で造られた箱庭の中での営みにすぎない実践に不満を持つことによって、一九二七年四月鳥取県に帰郷し、東伯郡上灘尋常高等小学校訓導兼校長として迎えられることになる。

郷土教育と「調べる綴方」

峰地が、帰郷した当時、全国的に官民挙げて「郷土教育」運動が展開されていた。その中にあって、峰地は当時の郷土教育にあった心情的な国粋主義を煽る傾向に対して、自らの立場を「客観的主知主義的郷土教育（伏見猛弥（ふしみたけや）が命名）」として、上灘尋常高等小学校の校長として、ユニークな郷土教育を実践していく。その際に、自らが成語化した「生活指導」概念の転生が以下のように語られている。(20)

従来綴方に於いて生活指導と云われていたのは、［中略］要するに表現指導として一括さるべきものであったと思う。何故なれば、記述前の生活指導はよりよき表現をなさしむるための生活指導であり、記述後の生活指導も亦（また）、その生活を反省してよりよき表現を希求することが主眼となっていたのである。さればこれを表現指導といったからとて別に差支えはなかったと思う。しかしこうした意味の表現指導の方法は綴方教授上大切なことではあった。だがこれだけではまだ片手落だと思われる。「生活のための生活指導」の部面のあることを忘れてはなるまい。

「生活のための生活指導」とは、綴方に書くとか書かぬとか云うことを超越して、生活そのものをしっかり充実させるところの指導である。云わば生活訓練の指導である。

この「表現のための生活指導」論から「生活のための生活指導」論への転生の背景には、明らかに、峰地が精力的に進めていた上灘小学校の郷土教育実践があった。そのユニークな郷土教育においては、学校と地域産業との経営結合がはかられ、校内には「倉吉町農会」

の事務所がおかれ、ある種のコミニュティ・スクールの様相を呈した。学校農地で栽培された野菜などは，農会を通じて各地に出荷・販売され、さらには学校内で衣料品、竹細工、貝細工なども制作している。そして、これらの品物を生産、販売、さらに貯金などの活動を「学校協同組合」として組織している（詳細は上灘小学校出版部『上灘小学校の教育』東伯印刷所、一九三二年[21]）。

それでは、「生活のための生活指導」においては、綴方はいかに位置づけられたのだろうか。峰地の整理に従えば、「生活指導の綴方」から「生活綴方」のひとつである「科学的綴方（「調べる綴方」）」へと転生することになる。

その違いについて、峰地は「生活指導の綴方と生活綴方―これは一連の鎖であって、生活綴方は生活指導の綴方の発展したものであるが、しかし内容に於いては断じて異なるのである。」[22]と明言している。その相違を新旧の課題主義として、次のようにも語っている。「旧課題主義は風月を友とするが如き老人趣味のものであったが、［中略］新課題主義は実際生活を基本とし、大に社会的関心をもつものである。そして児童の生活自身について深刻に考えさせることを大に期図するものだ」[23]と主張する。まさしく、生産を中核とする郷土教育における綴方は、客観的存在である郷土を認識する必要があり、観察と実験を旨とする「科学的綴方（「調べる綴方」）」を追究することによって、子どもたちに、「生活統制力」を陶冶しようとしたのである。その指導の具体例として、「ゴミの研究」があり、運動場で拾ったゴミの分類（果物類、木の葉類、草花類、紙類、おもちゃ類など）を行った綴方を書かせることによって、「運動場の清潔というような生活的意義」があったと述べている。しかし、このような「調べる綴方」は文芸ではないとする批判に対して、「私をもってすれば、綴方を即文芸とは見ないのである。綴方はその内容として文芸的方面をもつにはもつが、一方それが真実性を含み、伝達の可能性をもつものであるならば、仮令単なる知的記述であっても、それは綴方であると見るのである。」[24]と反論している。さらに、「新課題主義」を進める方法を具体的に提案している。たとえば、「あなたの家を研究しなさい」という課題であれば、「▼家のあり場所はどこか、建て方は？好き嫌い？▼祖先は誰か、家内何人か、表にして見なさい。▼家族の人々に対する反省▼我が家の経済生活▼富んでいるとすればその理由▼貧しいとすればその理由▼その他、何でも書いてよい。」という視点を与えることによって、対象と人との緊密度をあげて、課題への興味を喚起しようとしている。[25]

郷土教育において、「調べる綴方」に転生するとともに、フランスのフレネ（C.Freinet）の「学校印刷所」[26]を想起させるような、上灘小学校内の印刷部の中に「綴方工場」を経営している。そこでは、活版印刷機が設置され、各種の印刷物（綴方用紙、年賀状、案内状など）を制作するとともに、「子供ニュース」「学校便り」「文集」などを発行していた。ここには、綴方を教師と児童ともどもの「共同制作」として捉えようとする峰地の構想がみ

ごとに具現化されている。(27)

以上、戦前期の峰地光重の歩みを簡潔に振り返ってみた。そこには、綴方実践を軸とした、戦後に続く創発的な試みが多く提起されていて、今日からみて学ぶべき点が多いだろう。なお、峰地の郷土教育に関しては、「峰地光重・柏崎栄（かしわざきさかえ）論争」(28)があり、「調べる綴方」に関する論争(29)とともに、その研究的・実践的意義を問うことも残されている。

（1）『峰地光重著作集1　文化中心綴方新教授法』（以下、『峰地光重著作集』は『著作集』）けやき書房、一九八一年、六八頁。
（2）『著作集16　私の歩んだ生活綴方の道』明治図書、一九五九年、一六頁。
（3）同右書、七六頁。
（4）『著作集2／3　文化中心国語新教授法（上／下）』（上）八七頁。
（5）『著作集16　私の歩んだ生活綴方の道』一八頁。
（6）『著作集16　私の歩んだ生活綴方の道』二頁。
（7）『著作集13　綴方教育発達史』けやき書房、一九八一年、一一九頁。
（8）前田真証「『小学綴方教授細目』の考察―峰地光重のばあい―」『国語科教育』二七巻、一九八〇年三月、六三頁参照。
（9）『著作集13　綴方教育発達史』一七二頁。
（10）峰地光重「『児童の村』に入るまで」『教育の世紀』一九二四年、一〇月号参照。
（11）『著作集16　私の歩んだ生活綴方の道』一〇九頁。

(12)『著作集6　聴方話方教授細目と教授資料』参照。
(13)佐々井秀緒・峰地利平著『綴方作文の先覚　峰地光重』あゆみ出版、一九八四年、六七頁。
(14)中内敏夫『中内敏夫著作集Ⅴ　綴方教師の誕生』藤原書店、二〇〇〇年、一二九頁。
(15)同右書、一四三頁。
(16)『著作集16　私の歩んだ生活綴方の道』八二頁。
(17)峰地光重「子供を観る―二の組・二日間の生活―」『児童の世紀』一九二六年三月号、一〇〇頁。
(18)峰地光重「箱根旅行とその綴方」『児童の世紀』一九二六年一二月号、一〇一頁。
(19)山本茂喜「池袋児童の村小学校における峰地光重の綴方教育」『日本語と日本文学』六巻、一九八六年一一月、八頁。
(20)峰地光重「綴方における生活指導再検討」『綴方生活』一九三三年一月号、一七頁。
(21)『著作集9　上灘小学校の教育』参照。
(22)『著作集13　綴方教育発達史』一八九頁。
(23)峰地光重「新課題主義を提唱する」『綴方生活』第三巻二月号、二九頁。
(24)『著作集13　綴方教育発達史』二二〇頁。
(25)峰地光重「新課題主義を提唱する」『綴方生活』第三巻二月号、二七―二八頁。
(26)セレスタン・フレネ（著）、石川慶子・若狭蔵之助（訳）『フランスの現代学校』明治図書、一九七九年参照。
(27)『峰地光重著作集9　郷土教育と実践的綴方』四九―六二頁参照。
(28)中内、前掲書、第三章参照。
(29)村山士郎『村山俊太郎教育思想の形成と実践』本の泉社、二〇一七年、第3章参照。

【峰地光重に関する代表的な先行研究】

・出雲俊江『峰地光重の教育実践　学習者主体教育への挑戦』溪水社、二〇一六年。
・豊田ひさき『はらっぱ教室　峰地光重の生活綴方』風媒社、二〇一四年。
・後藤篤「峰地光重の『文化的慣習』論と生活訓練―生活指導の訓練論的展開に関する考察―」『〈教育と社会〉研究』第二三号、二〇一三年。
・太郎良信「峰地光重研究」太郎良信『生活綴方教育史の研究』教育史料出版会所収、一九九〇年。
・佐々井秀緒「峰地光重の生活綴方的教育方法への歩み」『生活綴方』第一二号、一九八一年五月。

戦前・戦中教育実践史年表　1868年～1945年

教育実践・運動・主な文献等	和暦	西暦	社会の動き・教育政策
	M1	1868	明治と改元（9月）
	M4	1871	文部省設置（9月）、岩倉具視使節団（津田梅子等米国に派遣）（12月）
福沢諭吉『学問のすゝめ』（2月）	M5	1872	師範学校設立（7月）、学制頒布（9月） スコット師範学校教師に就任（9月）
	M6	1873	
伊澤修二が愛知師範学校長に就任。同校附属幼稚園で遊戯唱歌を始める（3月）	M7	1874	東京女子師範学校創設（3月）
福沢諭吉『文明論之概略』（8月）	M8	1875	
	M9	1876	
ルソー（服部徳訳）『民約論』（12月）	M10	1877	東京開成学校・東京医学校を合併し、東京大学を創設（4月）
	M11	1878	
植木枝盛『民権自由論』（6月）	M12	1879	天皇、教学聖旨を示す（8月）、学制を廃し教育令を公布（9月）
植木枝盛「教育ハ自由ニセサル可カラス」『愛国新誌』10号（自由教育論を唱える）	M13	1880	改正教育令公布（12月）
	M14	1881	小学校教則綱領の制定（5月）
福沢諭吉『徳育如何』儒教主義的徳育を批判、徳育論争始まる（11月）	M15	1882	軍人勅諭発布（1月）、幼学綱要下賜（11月）
伊澤修二『教育学』（10月） 大日本教育会結成（9月） 若林虎三郎・白井毅『改正教授術』（6月）	M16	1883	教科書認可制度実施（7月）
	M17	1884	森有礼文教行政に参画（5月）
民間教育雑誌『教育時論』『教育報知』創刊（4月）、ジョホノット（高峰秀夫訳）『教育新論』	M18	1885	教育令再改正公布（8月）、公立学校で授業料徴収制が原則に（8月）、太政官制廃止、内閣制度成立（初代首相伊藤博文）（12月）、森有礼、初代文相に（12月）
	M19	1886	帝国大学令を公布（東京大学を帝国大学

			に改組）（3月）、師範学校令、小学校令、中学校令公布・諸学校通則を各公布（4月）、教科用図書検定条例を公布（12月）
石井十次、岡山孤児院創設（9月）（～1926年）	M20	1887	ハウスクネヒト帝大文科大学教育学担当教師として着任（1月）
「文明之母」創刊（10月）	M21	1888	
	M22	1889	大日本帝国憲法を発布（2月）、森有礼刺殺（2月）
伊澤修二ら国家教育社を設立（5月）	M23	1890	小学校令改正（第二次小学校令）（10月）、教育に関する勅語（「教育勅語」）を発布（10月）
石井亮一、孤女学院を設立（12月）	M24	1891	文部省、小学校修身科で教科書使用を命ずる（10月）、中学校令一部改正（12月）
伊澤修二ら国立教育期成同盟会を結成、小学校教育費国庫補助要求運動高まる（10月）	M25	1892	尋常師範学校の学年を4月開始と定める（7月）
井上哲次郎『教育ト宗教ノ衝突』（4月）	M26	1893	
	M27	1894	日清戦争（8月）
	M28	1895	日清講和条約に調印（台湾の割譲等）（4月）
デューイ、シカゴ大学に実験学校開設（1月） フレーベル会設立（4月） 大日本教育会・国家教育社、合流して帝国教育会を設置（12月）	M29	1896	
孤女学院を滝乃川学園に改称（知的障害児教育を始める） 澤柳政太郎・広沢定中訳『ペスタロッチ』（1月）	M30	1897	京都帝国大学創設（6月） 師範教育令公布（10月）
下田歌子、帝国婦人協会設立（11月）	M31	1898	
留岡幸助、家庭学校創設（東京巣鴨）（11月） フェリエール、ジュネーブに国際新学校事務局設立 樋口勘次郎『統合主義新教授法』（4月）、ルソー（山口小太郎他訳）『エミール抄』（7月）、（米）デューイ『学校と社会』、（独）ナトルプ『社会的教育学』	M32	1899	中学校令改正（第二次中学校令）、実業学校令公布、高等女学校令公布、私立学校令公布（2月）

教育実践・運動・主な文献等	和暦	西暦	社会の動き・教育政策
津田梅子、女子英学塾を設立（7月、9月開校） 吉岡荒太・弥生、東京女医学校を設立（12月）	M33	1900	小学校令改正（第三次小学校令）、小学校令施行規則制定（8月）
姫路師範学校設立（初代校長野口援太郎）（4月） 成瀬仁蔵、日本女子大学校を設立（12月） デューイ（上野陽一訳）『学校ト社会』（7月）、留岡幸助『家庭学校』	M34	1901	
羽仁吉一・もと子「婦人之友社」設立	M35	1902	教科書疑獄事件、一斉検挙開始（12月）、小学校への就学率90％を超える
『家庭之友』創刊（4月、1908年1月『婦人之友』に改題）、棚橋源太郎『尋常小学に於ける実科教授法』（1月）、週刊『平民新聞』創刊（11月）	M36	1903	小学校国定教科書制度成立（4月）
『平民新聞』発禁処分（3月） 東京高等師範学校附属小学校初等教育委員会『教育研究』創刊（4月）、吉田熊次『社会的教育学講義』（4月）、石井亮一『白痴児其研究及教育』（4月）、与謝野晶子「君死にたまふこと勿れ」『明星』（9月）、幸徳秋水・堺利彦訳載『共産党宣言』（11月）	M37	1904	日露戦争始まる（2月）、小学校国定教科書使用開始（第1期）（4月）
	M38	1905	日露講和条約（ポーツマス条約）調印（9月）、東京YWCA発足（10月）
エレン・ケイ（大村仁太郎訳）『二十世紀は児童の世界』（10月）、谷本富『新教育講義』（11月）	M39	1906	京都帝国大学文科大学の設置（6月）
及川平治、明石女子師範附属小学校の主事になる（9月） 谷本富『系統的新教育学綱要』（7月）	M40	1907	小学校令改正（3月）、東北帝国大学設置（6月）、中学校令一部改正（7月）
乙竹岩蔵『実験教育学』（11月）	M41	1908	奈良女子高等師範学校を新設（4月）
澤柳政太郎『実際的教育学』（2月）、谷本富『新教育の主張と生命』（5月）田山花袋『田舎教師』（10月）、	M42	1909	東京盲学校創設（4月）
武者小路実篤・志賀直哉・有島武郎ら『白樺』創刊（4月）、及川平治「為さしむる主義による分団式教授法」『全国附属小学校の新研究』（5月）	M43	1910	第二期国定教科書使用開始（4月）、日韓併合条約調印（8月）
西山哲治『児童中心主義攻究的新教授法』（6月）、平塚らいて	M44	1911	警視庁官房に「特別高等課」（特高）設

う「元始女性は太陽であった」『青鞜』創刊号（9月）、岡倉由三郎『英語教育』（10月）			置（6月）
中村春二、成蹊実務学校を創設（4月）、成蹊中学校（1914年）、成蹊小学校（1915年）開校 西山哲治、私立帝国小学校創設（4月） 美濃部達吉『憲法講話』（天皇機関説論争起こる）（3月）、牧口常三郎『教授の統合中心としての郷土科研究』（11月）、稲毛詛風『若き教育者の自覚と告白』（11月）、及川平治『分団式動的教育法』（12月）	M45/T1	1912	大正と改元（7月30日）
芦田恵之助『綴り方教授』（3月）、棚橋源太郎『新理科教授法』（5月）	T2	1913	学校体操教授要目を定め兵式体操を教練と改称（1月）
留岡幸助、北海道に家庭学校の農場と分校を設立（8月） 河野清丸『モンテッソリー教育法と其応用』、『少年倶楽部』創刊	T3	1914	第一次世界大戦始まる（7月）
及川平治『分団式各科動的教育法』（7月）、河野清丸『モンテッソリー教育法真髄』（9月）、賀川豊彦『貧民心理の研究』（11月）	T4	1915	
吉野作造『中央公論』で民本主義を主張（1月） 澤柳政太郎、帝国教育会の会長に就任（2月） 稲毛詛風『教育の革新』（1月）、芦田恵之助『読み方教授』（4月）、エレン・ケイ（原田実訳）『児童の世紀』（6月）、河上肇「貧乏物語」『大阪朝日新聞』連載（9/11-12/26）、（米）デューイ『民主主義と教育』	T5	1916	
澤柳政太郎、成城小学校を創設（4月） 長野師範附属小学校に研究学級創設（4月） 考へ方研究社、受験予備雑誌『考へ方』創刊（9月）	T6	1917	内閣、臨時教育会議を設置（9月）、帝国教育会、第1回全国小学校女教員大会開催（10月）、ロシア十月革命（11月）
城西実務学校設立（9月） 武者小路実篤「新しき村」設立（9月） 友納友次郎『綴方教授法の原理及實際』（3月）、鈴木三重吉『赤い鳥』創刊（7月）	T7	1918	市町村義務教育費国庫負担法を公布、第三期国定教科書使用開始（4月）、第一次世界大戦終わる（11月）
デューイ来日、東京帝大で講演（2月～3月）	T8	1919	中学校令一部改正（2月）

教育実践・運動・主な文献等	和暦	西暦	社会の動き・教育政策
山本鼎ら長野県下で第1回児童画展覧会を開催、自由画教育運動起こる（4月） 下中弥三郎ら、教員団体啓明会を結成（8月） 手塚岸衛、千葉師範附小で自由主義教育を掲げ学校改革を始める（9月） デューイ（帆足理一郎訳）『教育哲学概論：民本主義と教育』（5月）	T8	1919	
慶応義塾大学、早稲田大学、大学令による初の私立大学として認可（2月） 北沢種一、東京女高師附小で作業教育実施（4月） 木下竹次ら奈良女高師附小で合科学習を開始（4月） 手塚岸衛、千葉師範附小で自由教育の実践を公開（6月） 啓明会「日本教員組合啓明会」と改称し「教育改造の四綱領」発表（9月） 山本鼎、北原白秋ら日本自由教育協会を結成（この年クレヨンが国産品として販売される）（12月） 鰺坂國芳『教育改造論』、千葉命吉『創造教育　独創力養成の実際』（11月）、成城小学校教育問題研究会『教育問題研究』創刊（4月）、賀川豊彦『死線を越えて』（10月）、下中弥三郎『教育再造』（11月）	T9	1920	高等女学校令改正（7月） 「不具病弱児童の教育振興に関する建議案」「貧困児童就学保護に関する建議案」衆議院で可決（7月）
芦田恵之助、友納友次郎が小倉で立会講演（随意選題論争）（1月） 教育擁護同盟結成、地方教育費削減に反対運動を展開（3月） 羽仁もと子・吉一、自由学園を創設（4月） 西村伊作、文化学院を創設（4月） 帝国連合教育会を中心に、市町村義務教育費国庫負担金増額期成同盟会を組織（6月） 大日本学術協会「八大教育主張」講演会開催（8月）鈴木文治ら日本労働学校を開設（9月）	T10	1921	文部省、通俗教育を社会教育と改称（6月）

茨城で自由教育講演会禁止事件（10月） 長野県で「信濃自由大学」開始（のちの上田自由大学）（11月） 『芸術自由教育』創刊（1月）、マルクス・エンゲルス（堺利彦訳）『共産党宣言』（5月）、山本鼎『自由画教育』（6月）、桜井祐男『生を教育に求めて』（6月）、千葉命吉『一切衝動皆満足』（8月）、神戸伊三郎『母の指導する子供の理科』（10月）			
長野県下伊那自由青年連盟結成（9月） 大日本学術協会『八大教育主張』（1月）、手塚岸衛『自由教育真義』（3月）、奈良女高師附小『学習研究』創刊（4月）、土田杏村『自由教育論』（5月）、志垣寛『生活を教育にまで』（11月）、垣内松三『国語の力』（5月）、峰地光重『文化中心綴方新教授法』（「生活指導」の成語化）（10月）、石井信二『修身の自由教育』（12月）	T11	1922	茨城県知事守屋源次郎、郡視学会議で手塚岸衛の自由教育を批判（1月） 文部省、小学校教育費の整理・節約を訓令（12月）
澤柳政太郎ら米NEA主催世界教育会議に出席（6月） 野口援太郎・下中弥三郎・為藤五郎・志垣寛「教育の世紀社」結成（8月） 東京帝大セツルメント創立（12月） 木下竹次『学習原論』（3月）、小原國芳『学校劇論』『自由教育論』（4月）、下中弥三郎『万人労働の教育』（5月）、山本宣治『性教育』（8月）、教育の世紀社『教育の世紀』創刊（8月）	T12	1923	米国NEA主催世界連合教育会創立（5月）、関東大震災（9月）、国民精神作興に関する詔書発布（11月）
全国水平社第3回大会「小学校における差別待遇の撤廃」決議（3月） パーカースト（ドルトンプラン創始者）来日、各地で講演（4月～5月） 教育の世紀社同人、池袋児童の村小学校創立（4月） 赤井米吉ら明星学園創設（5月） 賀川豊彦、東京深川で「子どもの権利論」講演（6月） 岡田良平文相、地方長官会議で自由教育を非難（8月） 松本女子附小で川井訓導事件が起こる（9月） 学生社会科学連合会結成（9月）	T13	1924	文政審議会設置（4月）

教育実践・運動・主な文献等	和暦	西暦	社会の動き・教育政策
全国学生軍事教練反対同盟結成（11月） 日大・早大などの女子聴講生、女子学生連盟を結成、大学・高校の女子への門戸開放を文部省に要請（12月）	T13	1924	
桜井祐男、芦屋児童の村小学校を創設（4月） 文部省、奈良女高師附小の学習法を行き過ぎと警告（11月） 川本宇之助ら日本聾口話普及会を結成（11月） 岡倉由三郎、NHK ラジオ基礎英語講座担当（～1936） 野村芳兵衛『文化中心修身新教授法』（3月）、『鑑賞文選』創刊（6月）	T14	1925	東京放送局、ラジオ試験放送開始（3月）、治安維持法公布（4月）、普通選挙法を公布（5月）
野口援太郎、城西学園長。池袋児童の村小学校の中学部となる（1月） 帝国教育会等、全国連合女子教育大会開催（2月） 手塚岸衛、千葉師範附小主事から大多喜中学校長へ転任（4月） 新潟県木崎村で農民組合の児童一斉盟休、無産農民学校開始（5月）	T15/S1	1926	昭和と改元（12月25日）
澤柳政太郎、日本でもペスタロッチー百年祭の開催呼びかける（『帝国教育』1月号）、日本国民高等学校開校（2月） 手塚岸衛、大多喜中学校を紛争のため辞任（6月） 峰地光重、上灘小着任（4月） 澤柳政太郎没（12月）	S2	1927	金融恐慌（3月）、文部省訓令「児童生徒ノ個性尊重及職業指導ニ関スル件」（11月）
手塚岸衛、自由ヶ丘学園を創設（3月）	S3	1928	治安維持法改正、死刑、無期刑を追加（6月）
小原國芳、玉川学園を創設（4月） 秋田で成田忠久ら北方教育社を結成（6月） 文園社主催「新綴方研究講習大会」（東京神田）（12月） 留岡清男が家庭学校北海道分校の教頭に就任（8月） 篠原助市『理論的教育学』（6月）、『綴方生活』創刊（10月）	S4	1929	文部省訓令「教化動員ニ関スル件」（9月）、世界恐慌（10月）
国際新教育連盟の日本支部「新教育協会」設立、会長野口援太郎（6月）	S5	1930	文部省国民精神作興推進のために市町村に社会教化委員会設置（4月）

新興教育研究所結成（8月） 郷土教育連盟結成（11月） 日本教育労働者組合結成（11月） 北方教育社『北方教育』創刊（2月）、小原國芳『日本の新学校』（2月）、新興教育研究所『新興教育』創刊（9月）、牧口常三郎『創価教育学体系』（11月）、郷土教育連盟『郷土』創刊（11月）、戸塚廉ら『耕作者』創刊（1月）（同人誌）、『滝乃川学園のその日その日』創刊（12月）			
荏原（えばら）無産者託児所設立（11月） 為藤五郎『教育の社会性』（2月）、千葉春雄『教育・国語教育』創刊（4月）、小泉郁子『男女共学論』（6月）、岩波講座『教育科学』刊行開始（10月）（1933年10月完結）、	S6	1931	満州事変起こる（9月）、東北、北海道に冷害（11月）
亀戸無産者託児所設立（3月） 池袋児童の村にて新興教育同盟準備会結成（8月） 唯物論研究会結成（10月） 野村芳兵衛『生活訓練と道徳教育』（1月）、郷土教育連盟『郷土学習指導方案』（6月）、小倉金之助『数学教育史』（6月）	S7	1932	満州国建国を宣言（3月）、5・15事件犬養首相射殺（5月）、文部省国民精神文化研究所の設置（8月）
長野県で新興教育運動への弾圧（2月） 成城学園事件（3月） 東京帝大セツルメント、「児童問題研究会」設立（4月） 野村芳兵衛、池袋児童の村の経営を一切担う（4月） 和光学園創立（11月） 城戸幡太郎・留岡清男ら編『教育』創刊（4月）、千葉春雄『綴り方倶楽部』創刊（4月）、上田庄三郎『調べた綴方とその実践』（6月）、フェリエール（野口援太郎訳）『労作教育 活動学校』（6月）、野村芳兵衛『生活学校と学習統制』（6月）、長田新『教育学』（7月）、『児童問題研究』創刊（7月）	S8	1933	日本、国際連盟脱退（3月）、第4期国定教科書使用開始（サクラ読本）（4月）、京大滝川事件（5月）
戸塚廉、池袋児童の村で6年生を担任（4月） ライトの弟子遠藤新の設計による自由学園校舎が南沢に完成、目白から移転（9月）	S9	1934	東京府国民精神文化講習所規程（7月）

教育実践・運動・主な文献等	和暦	西暦	社会の動き・教育政策
北日本国語教育連盟結成（11月） 上田庄三郎『激動期の教育構図』（1月）、百田宗治『工程』創刊（4月）（1937年1月『綴方学校』へ改題）、野口援太郎『教育者の典型・滝沢菊太郎』（10月）、神戸伊三郎『幼学年理科教育の実際』（4月）	S9	1934	
北海道綴方教育連盟結成（8月） 池袋児童の村小学校『生活学校』創刊（1月）、北日本国語教育連盟『教育・北日本』創刊（1月）、百田宗治『工程』創刊（4月）（1937年1月『綴方学校』へ改題）、野口援太郎『私の教育思想と其実際』（10月）、鈴木三重吉『綴方読本』（12月）	S10	1935	衆議院、国体明徴を決議（3月）、文部省、天皇機関説問題にあたり国体明徴を訓令（4月）、東北凶作地で娘の身売り問題化
池袋児童の村小学校閉校（7月） 保育問題研究会設立（10月） 村山俊太郎『生活童詩の理論と実践』（2月）、城戸幡太郎ほか『教育学辞典』刊行（5月）（全5巻、完結1939年9月）	S11	1936	ロンドン軍縮会議脱退（1月）、2・26事件（2月）、義務教育2年延長案決定（7月）
自由ヶ丘学園閉校、小林宗作が引き継ぎトモヱ学園と改称（3月） 城戸幡太郎ら、教育科学研究会を結成（5月） 阿部重孝『教育改革論』（4月）、豊田正子『綴方教室』（8月）、保育問題研究会『保育問題研究』創刊（10月）、『綴方生活』終刊（12月）、長田新訳『フレーベル自伝』（12月）	S12	1937	文部省『国体の本義』刊行（5月）
東京帝大セツルメント解散（2月） 生活教育論争（38年論争） 『生活学校』終刊（8月）、小砂丘忠義『私の綴方生活』（10月）、（米）デューイ『経験と教育』	S13	1938	国家総動員法を公布（4月）
「日本青年教師団」結成（8月） 篠原助市『教育学』（1月）、長田新『新知育論』（3月）、峰地光重『綴方教育発達史』（6月）、『教育科学研究』創刊（9月）、長田新訳『ペスタロッチー伝』（11月）（全5巻、1941年3月完結）	S14	1939	大学の軍事教練、必修になる（3月）、青年学校を義務制とする（4月）、「青少年学徒ニ賜ハリタル勅語」発布（5月）
村山俊太郎ら治安維持法違反で検挙（山形）（2月）、生活綴方	S15	1940	義務教育国庫負担法を交付（3月）、大

運動、『生活学校』関係者、教科研関係者への検挙続く 平野婦美子『女教師の記録』(6月)、留岡清男『生活教育論』(7月)			政翼賛会発会（10月）、紀元2600年式典（11月）
教科研「教育翼賛の道」提唱（1月） 教科研解散（4月） 長田新、小林澄兄らを中心に日本教育学会創立（12月）	S16	1941	中学校令一部改正（3月）、国民学校令公布（3月）、生活必需物資統制令公布（4月）、第5期国定教科書使用開始（4月）
日本少国民文化協会『少国民文化』創刊（6月）	S17	1942	
ペスタロッチー（長田新訳）『隠者の夕暮れ・シュタンツ便り』(11月)	S18	1943	女子生徒の動員強化、理工系以外の学生の徴兵猶予を廃止（9月）
帝国教育会、大日本教育会に組織を再編（5月）	S19	1944	大都市の疎開始まる（1月）、義務教育2年延長実施を無期限延期（2月）、金沢高等師範学校創設（3月）、学徒勤労令を公布（8月）、特攻隊編成（10月）
石橋勝治、長野県の集団学童疎開で寮長となり「集団自治」の形で寮を経営（3月）	S20 (8月まで)	1945	国民勤労動員令公布（3月）、東京大空襲（3月）、決戦教育措置要綱閣議決定、国民学校初等科以外の授業を4月から1年間停止（3月）、岡崎高等師範学校、広島女子高等師範学校創設（4月）、戦時教育令交付（5月）、文部省に学徒動員局を設置（7月）、広島原爆投下（8月）、長崎原爆投下（8月）、ポツダム宣言受託（8月）、天皇、戦争終結の詔勅を放送（玉音放送）（8月）、学徒動員解除、授業再開通牒（8月）

※以降は『時代を拓いた教師たち』参照。

教科等（学科）および教科目等（学科目）変遷一覧

西暦	法令	区分	教科等（学科）・教科目等（学科目）
1872	明治5年 学制 小学教則	下等小学	綴字 習字 単語読方 算術 国体学口授 修身口授 単語暗誦 会話読方 単語書取 読本読方 会話暗誦 地理読方 養生口授 会話書取 読本輪講 文法 地理輪講 物理学輪講 書牘 各科温習
		上等小学	下等小学教科 細字習字 書牘作文 史学輪講 細字速写 罫画 幾何 博物 化学 生理
	明治14年 小学校教則綱領	初等科	修身 読書 習字 算術 唱歌 体操
		中等科	修身 読書 習字 算術 地理 歴史 図画 博物 物理 唱歌 裁縫 体操
		高等科	修身 読書 習字 算術 地理 歴史 図画 博物 物理 化学 生理 幾何 経済 唱歌 裁縫 家事経済 体操
	明治19年 小学校ノ学科及其程度	尋常小学	修身 読書 作文 習字 算術 体操 （図画） （唱歌）
		高等小学	修身 読書 作文 習字 算術 地理 歴史 理科 図画 唱歌 体操 裁縫 （英語） （農業） （手工） （商業）
	明治24年 小学校教則大綱	尋常小学	修身 読書 作文 習字 算術 体操 （日本地理） （日本歴史） （図画） （唱歌） （裁縫） （手工）
		高等小学	修身 読書 作文 習字 算術 体操 日本地理 日本歴史 外国地理 理科 図画 唱歌 裁縫 （幾何初歩） （外国語） （農業） （商業） （手工）
1900	明治33年 小学校令施行規則	尋常小学	修身 国語 算術 体操 （図画） （唱歌） （裁縫） （手工）
		高等小学	修身 国語 算術 日本歴史 地理 理科 図画 唱歌 体操 裁縫 （手工） （農業） （商業） （英語）
	明治40年 同施行規則改正	尋常小学	修身 国語 算術 日本歴史 地理 理科 図画 唱歌 体操 裁縫 （手工）
		高等小学	修身 国語 算術 日本歴史 地理 理科 図画 唱歌 体操 裁縫 （手工） （農業） （商業） （英語）

年	法令	学校	区分	教科
1919	大正8年同施行規則改正	尋常小学		修身、国語、算術、日本歴史、地理、理科、図画、唱歌、体操、裁縫、手工
		高等小学		修身、国語、算術、日本歴史、地理、理科、唱歌、体操、裁縫、(手工)、(農業)、(商業)、(家事)、(図画)、(外国語)、(その他)
	大正15年同施行規則改正	尋常小学		修身、国語、算術、日本歴史、地理、理科、図画、唱歌、体操、裁縫、手工
		高等小学		修身、国語、算術、国史、地理、理科、図画、手工、唱歌、体操、実業、家事、裁縫、(外国語)、(その他)
1941	昭和16年国民学校令施行規則	初等科	国民科	修身、国語、国史、地理
			理数科	算数、理科
			体錬科	体操、武道
			芸能科	音楽、習字、図画、工作、裁縫
		高等科	国民科	修身、国語、国史、地理
			理数科	算数、理科
			体錬科	体操、武道
			芸能科	音楽、習字、図画、工作、家事、裁縫
			実業科	農業、工業、商業、水産、外国語、その他
1947	昭和22年	(小学校)		国語、社会、算数、理科、音楽、図画工作、家庭、体育、自由研究
	昭和22年	(中学校)	必修教科	国語、習字、社会、国史、数学、理科、音楽、図画工作、体操、職業、(農業)、(商業)、(水産)、(工業)、(家庭)
			選択教科	外国語、習字、職業、自由研究

出典：水原克敏作成「教科等（学科）および教科目等（学科目変遷一覧）」田中耕治・水原克敏・三石初雄・西岡加名恵『新しい時代の教育課程　第4版』有斐閣、2018年、pp.342-343。

学校系統図

文部科学省学校系統図
https://www.mext.go.jp/b_menu/hakusho/html/others/detail/1318188.htm をもとに作成。

1900（明治 33）年

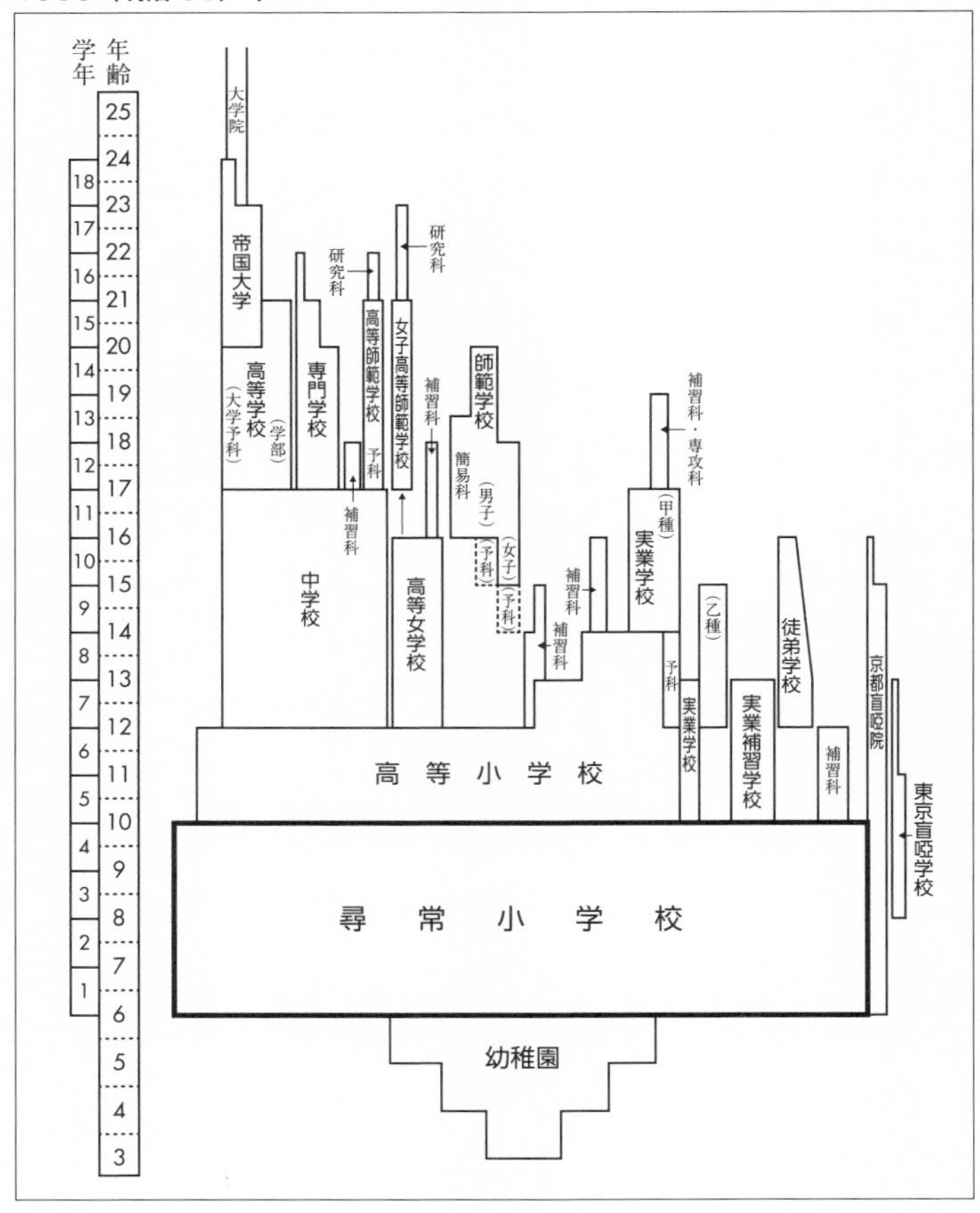

1908（明治41）年

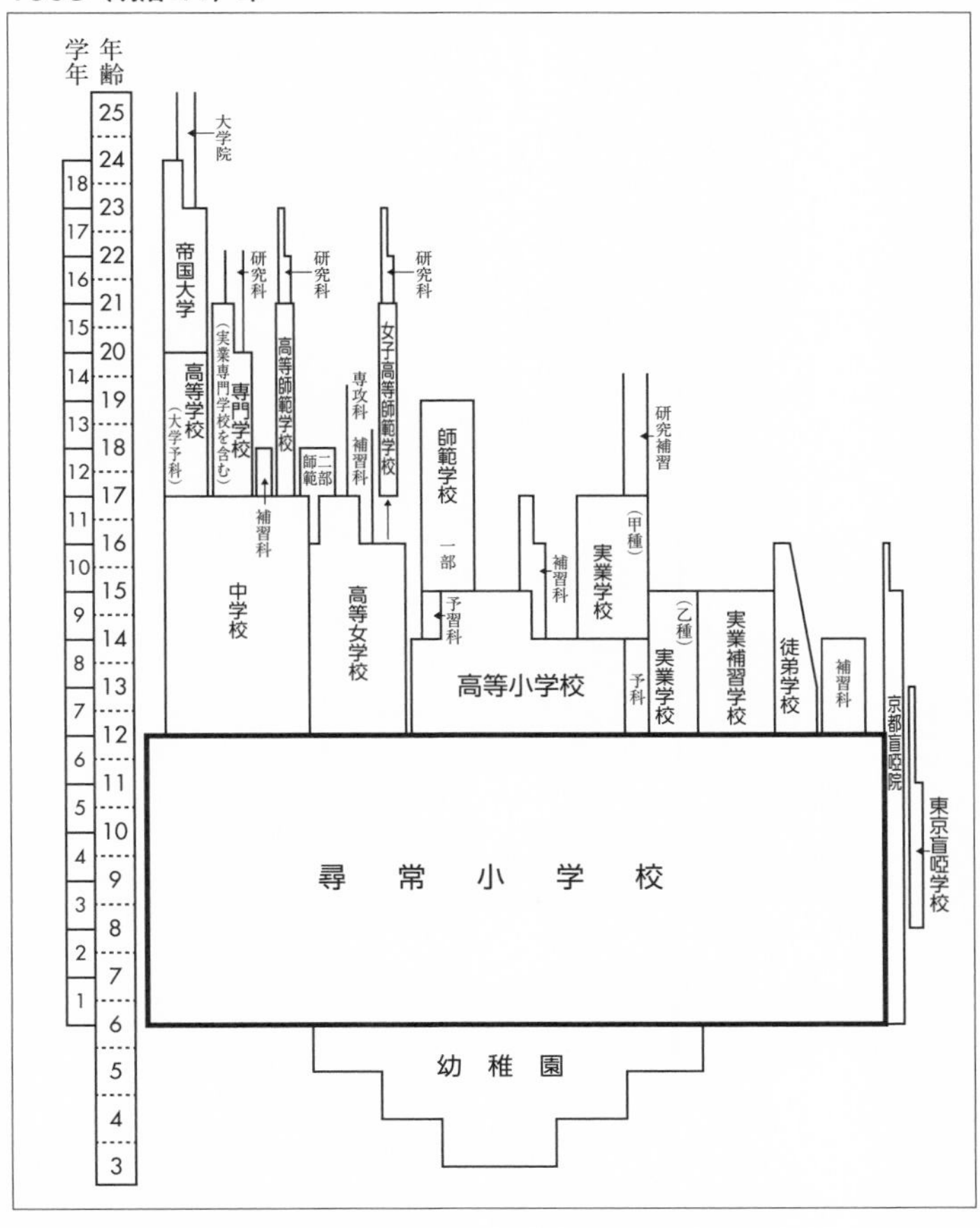

学年
年齢
25
24
23
22
21
20
19
18
17
16
15
14
13
12
11
10
9
8
7
6
5
4
3
18
17
16
15
14
13
12
11
10
9
8
7
6
5
4
3
2
1
大学院
帝国大学
高等学校（大学予科）
研究科
専門学校（実業専門学校を含む）
補習科
研究科
高等師範学校
二部
師範
専攻科
補習科
研究科
女子高等師範学校
中学校
高等女学校
師範学校
一部
予習科
補習科
高等小学校
研究補習
（甲種）実業学校
予科
（乙種）実業学校
実業補習学校
徒弟学校
補習科
京都盲唖院
東京盲唖学校
尋常小学校
幼稚園

1919（大正８）年

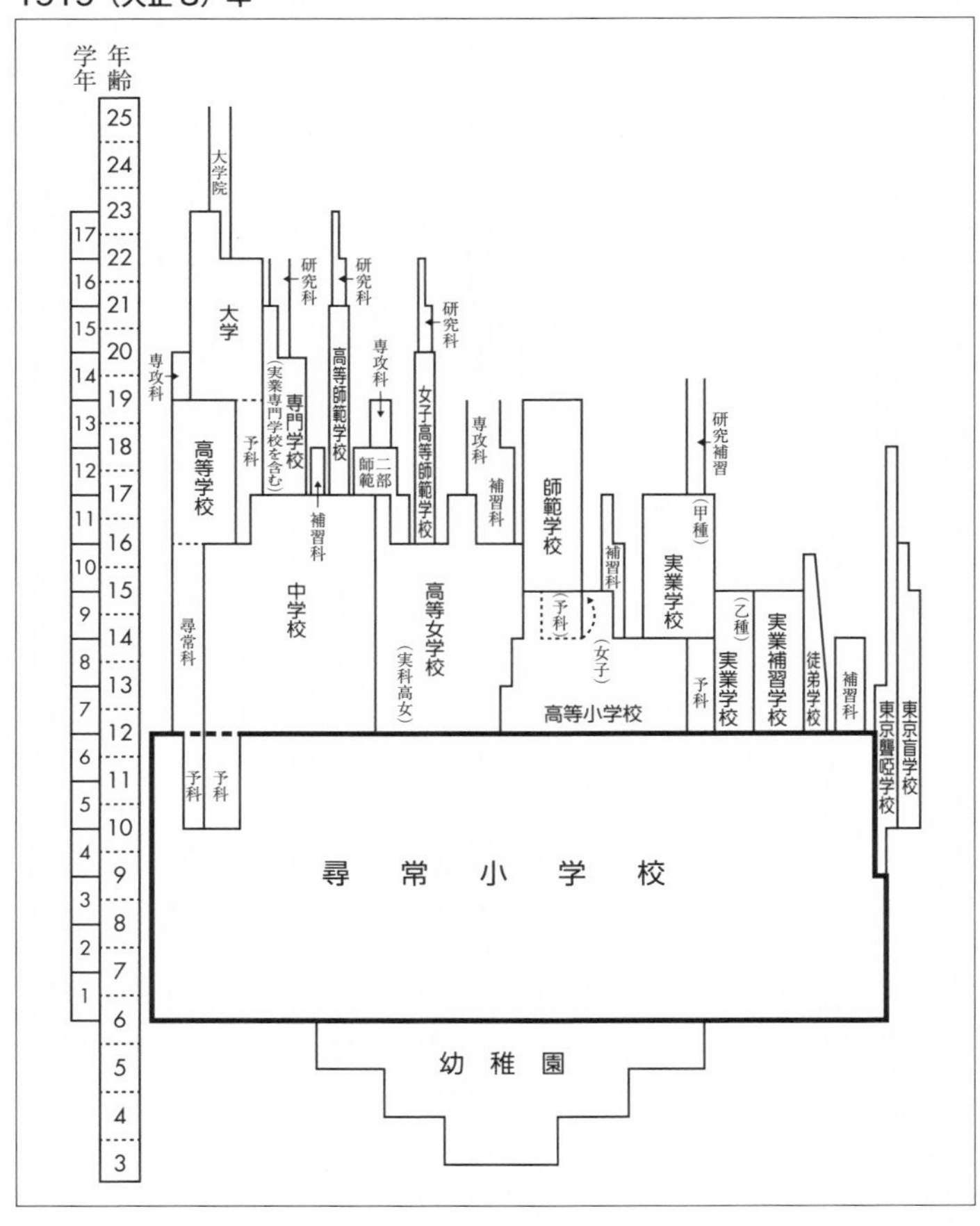
学年
年齢
大学院
大学
専攻科
高等学校
尋常科
予科
研究科
専門学校
（実業専門学校を含む）
高等師範学校
補習科
専攻科
師範
二部
女子高等師範学校
中学校
高等女学校
（実科高女）
師範学校
（予科）
（女子）
補習科
高等小学校
研究補習
（甲種）
実業学校
（乙種）
実業補習学校
徒弟学校
東京聾唖学校
東京盲学校
尋常小学校
幼稚園

1944（昭和 19）年

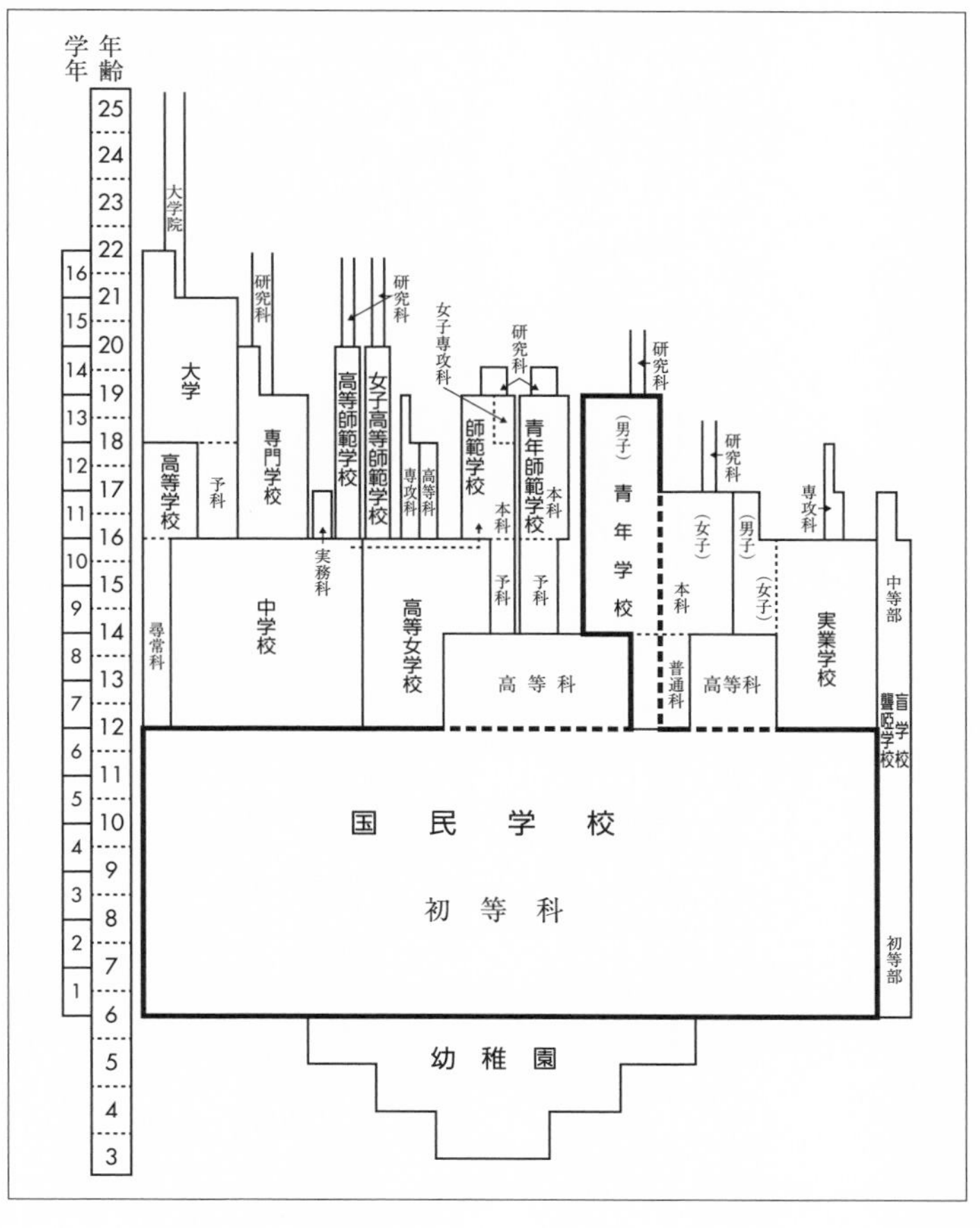
学年
年齢
大学院
大学
高等学校
予科
研究科
専門学校
実務科
尋常科
中学校
高等師範学校
女子高等師範学校
専攻科
高等科
高等女学校
女子専攻科
師範学校
本科
予科
青年師範学校
（男子）
青年学校
（女子）
普通科
高等科
専攻科
実業学校
中等部
盲聾唖学校
初等部
国民学校
初等科
幼稚園

野口援太郎　16, 128
野村芳兵衛　125, 168, 195, 216

は行

ハウスクネヒト　17
八大教育主張　19, 90
『八大教育批判』　97
羽仁もと子
　20, 33, 114
羽仁吉一　121
樋口勘次郎　18, 41, 204
姫路師範学校　16, 133
表現のための生活指導　216
複式学級　16, 129
『婦人之友』　20, 116
文化学院　19
文集　201
分団　96, 190
　——式教育　95, 96
　——式動的教育法　91
兵式体操　15
ペスタロッチ　17, 154
ヘルバルト　17
報徳教育　194

ま行

松本女子師範学校附属小学校　22
峰地光重　20, 183, 211
峰地光重・柏崎栄論争　223
明星学園　19, 111
無着成恭　207
村山俊太郎　21, 175, 214
明治女学校　120
森有礼　15
諸見里朝賢　107

や行

山本鼎　18, 27, 119
湯原元一　17
淀川茂重　19

ら行

ライン　17
ラジオ　19, 76
リアリズム　31, 185
理化学教育振興　56
臨画　32

わ行

若林虎三郎　17

生産教育　21, 195
生産的リアリズム　21, 185
成城小学校　19－20, 101
石盤・石筆　15
総合学習　19
相互学習　59, 61

た行

大正新教育　19, 101
大正自由教育　19, 40, 106, 122
第一次宣言　217
第二次宣言（校長公選制要求）　133
第二次宣言（『綴方生活』）　217
大日本帝国憲法　15
高嶺秀夫　17, 154
谷新藏　97
谷本富　17
玉川学園　19, 111
田宮輝夫　207
治安維持法　22, 184
千葉命吉　97
中学校令　15
直接教授法（Direct Method）　84
直読直解　80
勅令　15
津田梅子　141
綴方　21, 169, 199
——教師解消論　184
『綴方倶楽部』　195
『綴方生活』　167, 182, 205, 217
低学年理科　108
——特設運動　52
帝国小学校　19
帝国大学令　15
手塚岸衛　19
寺子屋　15, 40, 152
東井義雄　207
等級制　15
東京女子高等師範学校附属小学校　19
『統合主義新教授法』　204
謄写版　203
童心主義　182
動的教育　90, 94
——法　91
——論　93－95, 97
独自学習　58－61
独自生長性　52, 53, 61
読書力　82
戸塚廉　21, 163, 165
留岡清男　21, 153
留岡幸助　17, 20, 149
友納友次郎　18, 39, 204, 215

な行

中内敏夫　205
仲本正夫　207
長野師範学校　19
永良郡事　96
奈良女子高等師範学校附属小学校　19, 51, 53

国語　206
国定教科書　207
国定制　16
国分一太郎　14
国民学校令　22
五段階教授法　18
小西健二郎　207

さ行

小砂丘忠義
　21, 182, 199, 216
澤柳政太郎　22, 101
自学自修　79
試験　15
自治　16, 128, 158, 179, 187, 204, 218
実験学校　125
『実際的教育学』　104
実用的価値　79
児童語彙の研究　107
児童実験／生徒実験　56－58, 61
児童文化運動　19
師範学校令　15
自由　19, 199
自由画　33
　──教育　18, 28
　──教育運動　27
自由学園　19, 33, 113
自由教育　21, 128, 132, 133
　──運動　128, 195
自由発行・自由採択制　16
自由発表主義　18, 41, 48, 204
就学猶予・免除　20, 138
就学率　16
修身　15, 132
祝日儀式　15
小学校令　15, 17
状況（situation）　213
白井毅　17
調べる綴方　183, 221
新学習過程論　57
『新興教育』　195
尋常師範学校　16, 92
尋常高等小学校　187
心性開発　17
随意選題　204
　──綴方　18
　──論争　40, 215
数学教育改造運動　18, 63, 69
鈴木三重吉　18, 32, 181
生活学習　212
『生活学校』　22, 165, 195
生活技術　134
『生活教育』　173
生活教育　185
　──論争　21, 159, 165
生活指導　211
　──綴方　212
生活即学習　19
生活単位　93
生活綴方　159, 175, 199
　──教育　175, 195, 212
生活のための生活指導　214, 220
成蹊学園　19

索　引

あ行

『赤い鳥』　19, 32, 181, 214
明石女子師範学校　90
芦田恵之助　18, 40, 204, 215
池袋児童の村小学校
　20, 125, 165, 199, 216
伊澤修二　17
石井筆子　20, 137, 142
（石井）亮一　20, 138
石橋勝治　21, 187
上灘小学校　220
英語教育　75
及川平治　19, 90
岡倉由三郎　19, 75
岡田良平　21
小倉金之助　18, 63
小原國芳　19, 102

か行

開申制　16
改正教育令　15
開発主義教授法　17
科学心の萌芽　53－55, 61
科学的綴方　221
学制　14, 137
学事奨励ニ関スル被仰出書　15
課題主義　180, 221
学級　16
——経営　131, 178, 180
——新聞　165, 180
学校印刷所　222
学校劇　102
家庭学校　20, 149, 151
川井訓導事件　21
『鑑賞文選』　182, 205, 216
神戸伊三郎　18, 51
北澤種一　19
帰納的教授　82
木下竹次　19, 54
『教育・国語教育』　183, 195
教育的価値　77
教育ニ関スル勅語（教育勅語）　15
『教育論叢』　195
教学聖旨　15
教室文化　21, 177－180
『郷土』　195
協働自治　133－135
郷土教育　194, 219
協力意志　130, 132
キリスト教　20, 121, 152
訓導　20
形式陶冶　18, 69
系統化　41, 178, 204, 215
系統性　19, 39
『芸術自由教育』　32
検定制　16
皇国の道　22
高等師範学校　16

執筆者一覧

川地亜弥子（かわじ あやこ）　神戸大学大学院人間発達環境学研究科准教授
………はじめに、序章、第1章扉（序）、第2章扉（序）、第3章扉（序）、第3章4、巻末資料（年表）

田中耕治（たなか こうじ）　京都大学名誉教授、佛教大学教育学部客員教授
…………………………… 第3章5、巻末資料（年表）

小山英恵（こやま はなえ）　東京学芸大学教育学部准教授………………第1章1

森本和寿（もりもと かずひさ）　大阪教育大学総合教育系特任講師…………第1章2

吉永紀子（よしなが のりこ）　同志社女子大学現代こども学科准教授……第1章3

大下卓司（おおした たくじ）　神戸松蔭女子学院大学教育学部准教授……第1章4

赤沢真世（あかざわ まさよ）　佛教大学教育学部准教授……………………第1章5

福嶋祐貴（ふくしま ゆうき）　京都教育大学大学院連合教職実践研究科講師
……………………………………………………第2章1

森枝美（もり えみ）　京都橘大学発達教育学部准教授……………第2章2

羽山裕子（はやま ゆうこ）　滋賀大学教育学部准教授……………………第2章3

八田幸恵（はった さちえ）　大阪教育大学教育学部准教授………………第2章4

窪田知子（くぼた ともこ）　滋賀大学教育学部教授………………………第2章5

若松大輔（わかまつ だいすけ）　弘前大学大学院教育学研究科助教…………第2章6

中西修一朗（なかにし しゅういちろう）　大阪経済大学情報社会学部講師
…………………………… 第3章1、巻末資料（年表）

石井英真（いしい てるまさ）　京都大学大学院教育学研究科准教授………第3章2

西岡加名恵（にしおか かなえ）　京都大学大学院教育学研究科教授…………第3章3

（執筆順、所属は2023年2月現在）

川地亜弥子（かわじ あやこ）
1974年生まれ。神戸大学大学院人間発達環境学研究科准教授。教育学博士（京都大学）。専門は教育方法学、生活綴方・作文教育。
単著に『子どもとつくるわくわく実践』（全障研出版部）。共著に『時代を拓いた教師たち』『同Ⅱ』（日本標準）、『戦後日本教育方法論史(上)』（ミネルヴァ書房）、『障害のある子どもの教育目標・教育評価』（クリエイツかもがわ）、『Educational Progressivism, Cultural Encounters and Reform in Japan』（Oxon: Routledge）など。

田中耕治（たなか こうじ）
1952年生まれ。佛教大学教育学部客員教授。京都大学大学院教育学研究科博士課程修了。京都大学名誉教授。専門は教育方法学・教育評価論。
主な著書に、『教育評価』（岩波書店）、『グローバル化時代の教育評価改革』（編著、日本標準）、『戦後日本教育方法論史』上・下（編著、ミネルヴァ書房）、『教育評価研究の回顧と展望』（日本標準）など。

時代を拓いた教師たちⅢ
実践記録で紡ぐ戦前教育実践への扉

2023年3月30日 初版第1刷発行

編 著 者　川地亜弥子　田中耕治
発 行 者　河野晋三
発 行 所　株式会社 日本標準
〒350-1221　埼玉県日高市下大谷沢91-5
電 話　04-2935-4671
FAX　050-3737-8750
URL　https://www.nipponhyojun.co.jp/
印刷・製本　株式会社 リーブルテック

ISBN 978-4-8208-0736-0

田中耕治 編著

時代を拓いた教師たち

戦後教育実践からのメッセージ

四六判／240頁／本体1800円＋税

戦後日本を代表する15の教育実践を取り上げた本書は、戦後教育実践から混迷する現代を切り拓く知恵と勇気を学ぼうと大反響を得た。名人とよばれた教師たちの希望と挫折、そしてそれを乗り越えてきた足跡を紹介。

田中耕治 編著

時代を拓いた教師たちⅡ

実践から教育を問い直す

四六判／248頁／本体2000円＋税

前書の出版後、要望の多かった17人の実践者を紹介。今泉博、鳥山敏子、鈴木正気、小西健二郎、松崎運之助……。子どもたちが心待ちにする授業とは？　そのすべてがわかる一冊。